觀音菩薩
大悲守護主

附〈心經〉、〈普門品〉、
〈耳根圓通章〉白話語譯

附大悲咒（梵音、藏音）教唱CD

Avalokitesvara

觀音菩薩的悲心深重，
對濟度眾生的種種苦難有特別的願力與護佑，
因應各類有情眾生的需要，
觀音菩薩以種種身形來施行無畏的救度，
使我們不生起恐怖畏懼，
而得到無限慰藉與清涼。

《守護佛菩薩》出版緣起

　　《法華經》中告訴我們，諸佛是因為一大事因緣，而出現在世間。這個大事因緣，就是諸佛幫助眾生開示悟入佛陀的知見，而臻至究竟圓滿成佛。

　　因此，諸佛出現在世間的主要因緣，就是要守護我們，讓我們能夠安住於生活中修持，最後如同他們一樣圓滿成佛。

　　人類可以說是所有六道眾生中，造作行為的主體，因此人間的發展，也影響了天人、阿修羅、餓鬼、畜牲、地獄等其他類別眾生的因緣方向。所以，在佛法中的教化，雖然傳及法界眾生，但最主要還是以人間為中心。

　　因此，佛菩薩們雖然化身為為量來度化眾生，但是守護人間還是根本的重點。佛菩薩們守護我們，當然是以法身慧命為主，讓我們能夠開啟智慧，具足大悲心，而圓滿成佛。

　　在修行成佛的過程中，佛菩薩們總是扮演著如同師父、師母、師長的角色來守護、教導我們，甚至會如同兄弟姐妹一般隨身提攜。讓我們不只在遇到災患憂難的時候，能息除災難、增加福德，進而更生起吉祥的喜樂；並且當我們一時忘失修從正法菩提、遠離善友時，也能時時回正守護著我們，讓我們遠離眾惡邪侵，體悟隨順正法，而趣向無上菩提。

其實不管我們生活在任何時間、任何處所、佛菩薩們都永遠的護念著我們、守護著我們，沒有一時一刻忘失我們這些宇宙的浪子。因為守護著人間、守護著我們，正是佛菩薩的大悲心懷，所自然流出的本願。

許多修行人時常提倡要憶念諸佛、修持念佛法門，這實在是最有功德及效能的法門之一。但是如果就真實的現象看來，其實諸佛菩薩是永遠不忘失的憶念著我們，而我們卻時常忘記念佛。

所以，當仔細思惟佛菩薩的願力、慈悲、智慧、福德時，才憶想起我們是多麼幸福，受到那麼多的祝福與護佑。如果能理解到這樣的事實，必然發覺到有無數的佛菩薩，正準備幫助我們脫離苦難而得致喜樂、消除災害、增生福德，並能夠修行正法，具足慈悲、智慧而成就無上菩提。

世間的一切是依因緣而成就，而在法界無數的佛菩薩中，有些是特別與人間有緣的。為了彰顯這些佛菩薩大悲智慧的勝德，也讓大眾能思惟憶念這些與人間有緣的佛菩薩，而感應道交，得到他們的守護。因此，選擇了一系列與人間特別有緣，並具有各種特德，能濟助人間眾生離災、離苦、增福、增慧的佛菩薩，編纂成《守護佛菩薩》系列，讓大眾不只深刻的學習這些佛菩薩的法門，並更容易的受到他們的吉祥守護。

祈願《守護佛菩薩》系列的編纂，能幫助所有的人，能

快樂、吉祥的受到這些佛菩薩的守護。而二十一世紀的人間
也能快速的淨化，成為人間淨土，一切的眾生也能夠如願的
圓滿成佛。

觀音菩薩──序

　　觀世音菩薩是大乘佛教中，不但是最重要也是最著名、最受歡迎的菩薩。因爲觀世音菩薩永遠以最大的慈悲、智慧與耐心，來幫助所有的眾生。

　　觀世音菩薩代表著諸佛的菩提心，永遠用慈悲的眼目來觀照與守護一切眾生。他宛如慈母一般，幫助所有的眾生渡過最深刻的苦難與痛楚，安慰著所有生命的心靈，走過生命中的黑暗，在寒夜中帶來溫暖與光明。

　　他是所有人與家中的守護者，所以有著「家家觀世音」的名俗語。

　　觀世音菩薩又有光世音、觀自在、觀世自在、觀世音自在等名號。觀音菩薩因於大悲救濟，所以又被稱爲救世尊、救世大悲者。又由於他爲眾生的依怙而使之不生畏怖，所以又稱爲施無畏者。

　　在《法華經》〈普門品〉中記載：「若有無量百千萬億眾生受諸苦惱，聞是觀世音菩薩，一心稱名，觀世音菩薩即時觀其音聲，皆得解脫。」只要我們一心稱念「觀世音菩薩」的名號，即能得到菩薩的護佑與加持。

　　觀世音菩薩爲了拔除一切有情苦難，聞聲救苦，不稍停息，在中國歷史上留下許多感人的靈驗事蹟，也使觀音成爲民間廣爲流傳信仰的偉大菩薩。

又由於觀音菩薩「普現色身三昧」的威力，而現起的不可思議變化身，眾生需以何身救度，觀音菩薩即現何身施予救度；使他成為與我們娑婆世界最為相契的菩薩。他在十方世界作無邊的救濟，使苦難眾生得到無限的慰藉與清涼。

在今日眾苦逼迫的時代，我們祈願觀音菩薩傾下清涼的甘露，在觀音菩薩慈悲的注照下，讓我們遠離災障、無明、煩惱；從菩薩的心中感受，慈悲是相續的心聲；在觀音菩薩大悲行徑中，體受菩薩的心意。

因此，在本書中首先介紹了觀音菩薩，及其過去生的因緣，大悲救度六道的故事，引領讀者感同身受的進入觀音的世界。

在本書的第二部分，說明了如何祈請觀音菩薩守護的方法，希望讀者在真心的修持中，與觀音菩薩相應，並接受觀音的大悲守護。除此之外，本書特選了觀音的重要經典：《法華經》〈普門品〉與《首楞嚴經》〈耳根圓通章〉，並附上白話語譯，希望大家能更深入觀音菩薩的大悲心中，受用他的法雨甘露。

祈願本書能讓所有的讀者，真實地與觀音菩薩相應，在菩薩不可思議的悲願中，護佑我們一切願滿吉祥，生活安樂自在，遠離煩惱苦難，獲得如同菩薩的溫柔慈悲之心。

南無　大慈大悲　觀世音菩薩

目　錄

第一部

大悲守護主 ——觀音菩薩

觀音菩薩永遠以最大的慈悲、智慧與
耐心,來幫助所有的眾生

Āvalokiteśvara
觀音菩薩

➤ 公元前約 2500

§ 釋迦牟尼佛在補陀落迦
　山，觀世音宮殿寶莊嚴
　道場中宣說《千手千眼
　觀世音菩薩大圓滿無礙
　大悲心陀羅尼經》

大悲守護的觀音菩薩

第一章 大悲守護的觀音菩薩

眾生被困厄，無量苦逼身；

觀音妙智力，解救世間苦。

〜《法華經》〈普門品〉

　　觀音菩薩是大乘佛教中，一位顯現大悲菩提心，拔除一切有情苦難的偉大菩薩，菩薩永遠的以慈目觀照與守護著一切眾生。

　　觀音菩薩以慈悲救濟眾生為本願，其名號又有光世音、觀自在、觀世自在、觀世音自在等名號。由於觀世音菩薩的偉大勝德，有時也被稱為救世菩薩、救世淨聖、施無畏者、蓮華手、普門或大悲聖者。

　　在《法華經》〈普門品〉中記述：「若有無量百千萬億眾生受諸苦惱，聞是觀世音菩薩，一心稱名，觀世音菩薩即時觀其音聲，皆得解脫。」觀世音菩薩聞聲救苦，稍不停息，只要我們能一心稱念「南無觀世音菩薩」，即能得到菩薩的佑護與加持。

　　又《千手千眼大悲心陀羅尼經》中說：「觀世音菩薩，不可思議威神之力；已於過去無量劫中，已作佛竟，號正法

Avalokiteśvara

觀音菩薩

佛曆 538

公元前 7 年

§ 傳說梅福為了躲避王莽
的禍害，來到普陀山擇
穴隱居，煉丹採藥濟民
於世。後人取此山名為
梅岑，立祠祭祀，現今
存有遺跡於梅福庵（普
陀山志）

因應眾生的需求，觀音菩薩即示現何種身相來救度

明如來。大悲願力，安樂眾生故，現作菩薩。」觀世音菩薩
早已成正等正覺，佛號「正法明如來」，但是，爲了濟度一
切眾生，所以倒駕慈航，示現菩薩的樣貌來救度眾生。

　　在釋迦牟尼佛的時代，觀音菩薩曾爲佛陀座下的苦行弟
子。而在極樂世界中，觀音與大勢至菩薩同爲阿彌陀佛的兩
大脇侍，他們輔佐阿彌陀佛，一同在極樂世界教化眾生。

　　在《悲華經》中記載，將來西方極樂世界阿彌陀佛涅槃
之後，觀音菩薩將補佛處，號爲「一切光明功德山如來」。
其淨土名爲「一切珍寶所成就世界」，其淨土世界比起極樂
世界更爲莊嚴微妙。

　　以大悲救度是觀音菩薩的主要德行，然而蘊藏於大悲的
背後，則是無邊的大智，所以在佛教界廣爲流傳的智慧經典
《般若波羅蜜多心經》，就是由觀音菩薩所宣說的，經中所
謂：「觀自在菩薩，行深般若波羅蜜多時，照見五蘊皆空，
度一切苦厄。」即是說明觀音菩薩因爲深了般若波羅蜜多的
智慧，所以能度化一切苦厄。在《心經》中充分展現了觀音
菩薩智慧的最好表現。

　　觀音菩薩的另外一個特色，是眾生有任何的需求，應以
何種身相得度，觀音菩薩即示現出何種身相來救度。這是普
門的示現，由於觀音菩薩以「普現色身三昧」，而現起種種
不可思議的變化身，無時無刻不在十方世界作無邊的救濟，
使苦難的眾生得到無限的慰藉與清涼。

Āvalokiteśvara

觀音菩薩

➡ **佛曆** 729

公元 185

§ 支婁迦讖譯《首楞嚴
經》二卷

布施無畏的觀音菩薩

俗話說：「家家阿彌陀，戶戶觀世音」，觀音菩薩的無限大悲心與般若正智的大智慧，圓融無二的具體表現，無剎不應的示現，使他成為與我們娑婆世界眾生最為相契的菩薩。

觀音菩薩廣為眾生的依怙，能以種種威力方便，拔濟眾生的種種恐怖畏懼，施以安慰，使我們不生起畏懼恐怖，在《法華經》〈普門品〉中記載：「是觀音菩薩摩訶薩，於怖畏急難之中能施無畏，是故此娑婆世界皆號之為施無畏者。」所以觀音菩薩是為施無畏者。

在中國歷史上，觀音菩薩秉持著循聲救苦的悲願，不斷的示現救度有情眾生。《法華經》記載：「眾生被困厄，無量苦逼身；觀音妙智力，解救世間苦」，在這眾苦煎逼的時代，我們祈請觀音菩薩，傾下清涼的甘露，再施與救濟；並且讓我們每個人也都能如同觀音菩薩一般，具足觀音菩薩的無限大悲願的威力，成為觀音菩薩的使者，施行大悲觀音的救世大行！

Āvalokiteśvara
觀音菩薩

➤ 佛曆 828～908

　　公元 284～364

§ 傳說葛洪來到普陀山，
　居仙人井煉丹。現今於
　普濟寺內存有葛仙井遺
　跡

觀音菩薩代表一切諸佛悲心的總集

01 觀音菩薩的名號

　　觀音菩薩代表一切諸佛悲心的總集，在經典中記載，凡是遭遇災難的眾生，只要誦念觀音菩薩的名號，菩薩則能觀其音聲而前往救度。

　　關於觀音菩薩的名號，主要為「觀世音」，在《注維摩詰經》卷一中曾列舉鳩羅摩什的說法，認為：「*世有危難，稱名自歸，菩薩觀其音聲即得解脫也。亦名觀世念，亦名觀自在也。*」依此可知，鳩摩羅什也承認「觀世音」有「觀自在」的意義。

　　觀音菩薩的梵名為 Āvalokiteśvara，西藏名為 Spyan-ras Gzigs-dbaṅ-phyug，又稱為阿縛盧枳帝濕伐邏、阿婆蘆吉低舍婆羅、阿縛盧枳抵伊濕伐羅、阿嚩盧枳多伊濕筏羅、阿縛盧枳帝濕伐羅、阿嚩路枳帝濕嚩囉、逋盧羯底攝伐羅、嚩樓亙等。

　　有翻譯為光世音菩薩、觀自在菩薩、觀世自在菩薩、觀世音自在菩薩、觀世自在者菩薩、或闚音菩薩、或為現音聲，簡稱觀音菩薩。

　　另一梵名為 Āryāvalokiteśvara，音譯為阿唎耶跋盧枳抵鑠筏囉，為聖觀世音之意。別稱救世菩薩、蓮華手菩薩、圓通大士。

Āvalokiteśvara

觀音菩薩

➡ 佛曆 835

公元 291

§ 竺叔蘭譯《首楞嚴經》

■ 觀音菩薩名號的多種譯名

1.古譯

(1)觀音——後漢支曜譯《成具光明定意經》

(2)闚音——吳支謙譯《維摩詰經》

(3)觀世音——曹魏康僧鎧譯《無量壽經》

(4)光世音——西晉竺法護譯《光世音大勢至經受決經》

(5)現音聲——西晉無羅叉譯《放光般若經》

2.舊譯

(1)觀世音、觀音——後秦鳩摩羅什譯《妙法蓮華經》、北涼曇無讖譯《悲華經》、東晉佛陀跋陀羅譯《華嚴經》、劉宋畺良耶舍譯《觀無量壽經》、劉宋曇無竭譯《觀世音菩薩授記經》

(2)觀世自在——後魏菩提流支譯《法華經論》

3.新譯

(1)觀自在——唐玄奘譯《大般若波羅蜜多經》、唐實叉難陀譯《華嚴經》、唐菩提流志譯《大寶積經無量壽如來會》、宋法賢譯《大乘無量莊嚴經》

(2)觀世音、觀音——唐般刺密帝譯《首楞嚴經》

(3)觀世自在——唐善無畏譯《大毗盧遮那成佛神變加持經》

（古譯是指鳩摩羅什以前的翻譯，鳩摩羅什相關年代至玄奘前稱為舊譯，玄奘時的翻譯則稱為新譯。）

　　唐朝的窺基大師在《般若心經幽贊》卷上中認為：
「觀」是照的意思，即了解通達空有的智慧；「自在」為縱
任的意思，於過去廣行六度，現在得證果圓；以智慧觀照為
先，而成就十種自在。

　　十種自在是指：(1)壽自在：能延保性命。(2)心自在：生
死無染。(3)財自在：能隨意樂而現，而布施所得。(4)業自
在：唯作善事及勸他人為善。(5)生自在：隨意欲能往，由戒
行所得。(6)勝解自在：能隨欲變現，由安忍所得。(7)願自
在：隨觀所樂而成就，由精進所得。(8)神力自在：起最勝神
通，由定力所得。(9)智自在：隨順言音智慧。(10)法自在：於
契經等，由智慧所得。

　　玄奘大師在《大唐西域記》中記載：「阿縛盧枳伊濕伐
羅，唐言觀自在。分文散言，即阿縛盧枳多譯曰觀，伊濕伐
羅譯曰自在。舊譯光世音，或云觀世音，或云觀世自在為訛
謬。」

　　在各種的翻譯中，以觀世音、觀自在為最主要，也為現
代所流行通用。

Āvalokiteśvara

觀音菩薩

➡ **佛曆** 917

公元 373

§ 支施崙、帛延於涼州譯

《首楞嚴經》二卷

觀音菩薩常以慈母的形像出現

　　唐朝的窺基大師在《般若心經幽贊》卷上中認爲：
「觀」是照的意思，即了解通達空有的智慧；「自在」爲縱
任的意思，於過去廣行六度，現在得證果圓；以智慧觀照爲
先，而成就十種自在。

　　十種自在是指：(1)壽自在：能延保性命。(2)心自在：生
死無染。(3)財自在：能隨意樂而現，而布施所得。(4)業自
在：唯作善事及勸他人爲善。(5)生自在：隨意欲能往，由戒
行所得。(6)勝解自在：能隨欲變現，由安忍所得。(7)願自
在：隨觀所樂而成就，由精進所得。(8)神力自在：起最勝神
通，由定力所得。(9)智自在：隨順言音智慧。(10)法自在：於
契經等，由智慧所得。

　　玄奘大師在《大唐西域記》中記載：「阿縛盧枳伊濕伐
羅，唐言觀自在。分文散言，即阿縛盧枳多譯曰觀，伊溼伐
羅譯曰自在。舊譯光世音，或云觀世音，或云觀世自在爲訛
謬。」

　　在各種的翻譯中，以觀世音、觀自在爲最主要，也爲現
代所流行通用。

Āvalokiteśvara

觀音菩薩

§ 支施崙、帛延於涼州譯
  《首楞嚴經》二卷

觀音菩薩常以慈母的形像出現

02 觀音菩薩的形象

　　觀音菩薩最普遍廣為人知的形象，常常是以女性慈母的形象出現，手持著淨瓶、楊柳，以甘露滋潤苦痛的眾生。尤其是在中國，這樣的觀音形象更是普遍。

　　事實上，觀音菩薩所顯現的無邊相貌中，女身不過為其中一種。以中國隋唐時代的觀音像及日本的觀音像為例，很多形象都蓄有鬍鬚；但由於觀音菩薩以慈悲應化，有柔和愛語的母性特質，因此他的塑像也就有了女性的表徵。

　　觀音菩薩的化身千百億，因此觀音菩薩的形象也是千變萬化；常常是為了因應人間的因緣或是修法的需要，而將觀音菩薩的形象固定於某些形像。

　　在《大佛頂首楞嚴經》中就說明了觀音菩薩獲得四種不可思議無作妙德，而示現多樣的形象：「一、我初獲妙聞心、心精遺聞、見聞覺知、不能分隔，成一圓融清淨寶覺，故我能現眾多妙容，能說無邊祕密神咒。其中，或一首、三首、五首、七首、九首、十一首，如是乃至一百零八首、千首、萬首、八萬四千爍迦囉首，二臂、四臂、八臂、十臂、十二臂、十四、十六、十八、二十至二十四，如是乃至一百零八臂、千臂、萬臂、八萬四千母陀羅臂，二目、三目、四目、九目，如是乃至一百零八目、千目、萬目、八萬四千清

Āvalokiteśvara
觀音菩薩

➡ 佛曆 950

公元 406

§ 鳩摩羅什譯《新法華
經》七卷（一說公元
405）

項上化佛：阿彌陀佛

天冠

眉間白毫

皮膚紫金色

（多羅菩薩）

（水吉祥觀音）

一般以二臂觀音為觀音菩薩的基本形像

淨寶目，或現慈，或現威，或現定，或現慧，救護眾生得大自在。」

關於觀音菩薩的形象，因其應化無方，所以其相狀亦很多樣化，一般以二臂的正觀音為其基本形象，其餘的形象皆是觀世音菩薩自在力用所示現的神變。有一頭、三頭、五頭，乃至千頭、萬頭、八萬四千爍迦囉頭；有二臂、四臂，乃至萬臂、八萬四千母陀羅臂；有二目、三目，乃至八萬四千清淨寶目。

他的化相有千手千眼、十一面、准提、如意輪、不空羂索、青頸、香王、阿摩提觀音等，亦皆有個別的儀軌。

又《不空羂索神變眞言經》舉出四面大悲觀音、除八難僛觀音、播拏目佉觀音、大梵身相觀音、根本蓮華頂觀音、廣大明王央俱捨觀音等。

此外，《摩訶止觀》卷二上還舉出六觀音，諸尊眞言句義抄揭示十五觀音，又有二十五觀音、三十三觀音等；其中，有部分不是基於經軌而來，而是至後代混合中國及日本的民俗信仰所產生。

《觀無量壽經》的觀音形象

一般以二臂觀音為觀音菩薩的基本形象，在《觀無量壽經》中，有觀音菩薩眞實色身的觀想記載。《觀無量壽經》記載：觀音菩薩身長八十萬億那由他恒河沙由旬，身上呈現

Āvalokiteśvara

觀音菩薩

➤ 佛曆 1145

公元 601

§ 闍那崛多、達摩笈多合
　譯《添品妙法蓮華經》
　七卷

■ 毘楞伽摩尼寶珠

即帝釋天的頸飾，常能放光。經典中亦以此摩尼寶珠為釋尊、觀世音、彌勒等佛菩薩的莊嚴器具。

依《大方廣寶篋經》記載，帝釋天頸上的毘楞伽摩尼寶珠能遍照三十三天；此淨寶珠比喻菩薩的智性能示現一切事。

又《大法炬陀羅尼經》〈忍較量品〉中記載：「須彌山頂有威花、釋迦毘楞伽、寶精三寶，其中毘楞伽寶係純真金色，為善根所生，自然彫瑩，能出過須彌山頂的忉利天處、夜摩天處、兜率天處，住於梵宮；菩薩從閻浮提生兜率天，以善根力，此寶即自然出生於篋中，所有魔事自然壞滅。

不空羂索觀音菩薩像

紫金色的皮膚，頂有肉髻，項有圓光，光中有五百化佛，每一化佛又各有五百化菩薩、無量諸天作為其侍者，全身光明中，示現有五道眾生的一切色相。頭戴的天冠是毗楞伽摩尼寶珠製成的，特別的是天冠中有一尊站立的化佛，阿彌陀佛高有二十五由旬。

觀音菩薩眉間白毫相具足七寶彩色，並流出八萬四千種光明，每一道光明中有無量無數的化佛、化菩薩。其變現自在遍十方世界。

菩薩的手臂如同紅蓮華色一般，有八十億的微妙光明以為瓔珞，在瓔珞中普現一切諸莊嚴事。手掌也有五百億雜蓮華色，雙手十指的每一個指端，有八萬四千畫，猶如印文，一一畫中具有八萬四千色，每一種顏色有八萬四千光明，其光明柔軟，普遍照耀一切世界，而且以此寶手接引眾生。

腳足舉起時，足下具有千輻輪相，而且自然化成五百億光明臺；足部踩下時有金剛摩尼華布散一切，無不彌滿。

觀音的形象圓滿具足，與佛陀沒有差別，只有頂上的肉髻以及無見頂相不及佛陀的尊貴相。這是說明極樂世界的觀音菩薩色身相好。而且在當麻曼荼羅、智光曼荼羅、敦煌出土的淨土曼荼羅等，也都是依據此經的記載描繪而成的。

此外，在其他經典，如《不空羂索神變真言經》中，有觀世音菩薩「頂上立化佛」的記載，這是觀音菩薩的特徵之一，這尊立佛一般都認為是阿彌陀佛無量壽如來。

Avalokiteśvara

觀音菩薩

➤ 佛曆 1162～1170

公元 618～626

§ 中印度僧瞿多提婆攜千手觀音的圖像及結壇手印的經本，上呈朝廷，但不受重視（智通《千臂經》序）

若有持是觀世音菩薩名者，設入大火，火不能燒，由是菩薩威神力故。

若為大水所漂，稱其名號，即得淺處。

若有百千萬億眾生，為求金銀等寶，入於大海，假使黑風吹其船舫，飄墮羅剎鬼國，其中若有乃至一人，稱觀世音菩薩名者，是諸人等，皆得解脫。

若復有人，臨當被害，稱觀世音菩薩名者，彼所執刀杖，尋段段壞，而得解脫。

若三千大千國土，滿中夜叉羅剎，欲來惱人，聞其稱觀世音菩薩名者，是諸惡鬼尚不能以惡眼視之，況復加害。

觀世音菩薩普門品圖證（一）

03 觀音菩薩的化身

　　截至目前為止，娑婆世界的觀音形象非常多樣，流傳在民間的就有所謂的三十三體觀音，三十三體觀音是觀音菩薩相應眾生因緣所化現的應化身，基本上全部都是示現為菩薩形象。

　　然而在這些形象當中，有些觀音的形象在經典中並沒有記載，但是卻因為觀音菩薩的各種靈驗應化、救苦救難等事蹟，而流傳於民間為大眾所崇仰。

　　在密教中也有六觀音，在金剛界與胎藏界兩界中的觀音也各有不同的形態。如胎藏界曼荼羅中的中台八葉院、觀音院、釋迦院、文殊院、虛空藏院、蘇悉地院等諸院中，其形象、持物等都不相同。

　　依據《法華經》〈觀世音普門品〉中所言，菩薩有三十三種應化身，這些應身的示現都是隨著眾生應以何種身得度者，菩薩即示現何種身而為之說法，若是應以童男、童女身得度者，即示現童男童女身而為之說法；應以佛身得度者，即示現佛身而為之說法。

觀音的三十三種應化身

　　所以根據〈普門品〉的記載，觀音菩薩並不一定會以菩

Avalokiteśvara

觀音菩薩

➡ 佛曆 1171～1193

公元 627～649

§ 北印度僧奉進《千眼千
　臂經》梵本。智通與梵
　僧合作譯出《千眼千臂
　觀世音菩薩陀羅尼神咒
　經》二卷（智通《千臂
　經》序）

設復有人，若有罪、若無罪、杻械枷鎖
檢繫其身，稱觀世音菩薩名者，皆悉斷
壞，即得解脫。

若三千大千國土。滿中怨賊，有一商
主，將諸商人，齎持重寶經過險路，其
中一人，作是唱言諸善男子，勿得恐
怖，汝等應當一心稱觀世音菩薩名號，
是菩薩能以無畏施於眾生，汝等若稱名
者，於此怨賊，當得解脫，眾商人聞，
俱發聲言，南無觀世音菩薩，稱其名
故，即得解脫。

若有眾生，恭敬禮拜觀世音菩薩，福不
唐捐，是故眾生，皆應受持觀世音菩薩
名號。

若有國土眾生，應以佛身得度者，觀世
音菩薩即現佛身而為說法。

應以辟支佛身得度者，即現辟支佛身而
為說法。

觀世音菩薩普門品圖證（二）

薩的形象出現，他可能是示現爲婆羅門，比丘、比丘尼，亦或是帝釋天王身、大自在天身、夜叉身、阿修羅身，這種種身都是觀音菩薩爲了大悲教化眾生而隨順應現的，如此一來，菩薩的形象又更廣大而不拘束，更爲自由自在了。

因此我們可以從經典中所說的觀音化身歸納出幾類：

1.聖者三位：①佛身、②辟支佛身、③聲聞身。

2.天界六種：④大梵王身、⑤帝釋身、⑥自在天身、⑦大自在天身、⑧天大將軍身、⑨毘沙門身。

3.道外五族：⑩小王身、⑪長者身、⑫居士身、⑬宰官身、⑭婆羅門身。

4.道內四眾：⑮比丘身、⑯比丘尼身、⑰優婆塞身、⑱優婆夷身。

5.婦童五級：⑲長者婦女身、⑳居士婦女身、㉑宰官婦女身、㉒婆羅門婦女身、㉓童男身、㉔童女身。

6.天龍八部：㉕天身、㉖龍身、㉗夜叉身、㉘乾闥婆身、㉙阿修羅身、㉚迦樓羅身、㉛緊那羅身、㉜摩睺羅迦身。

7.二王一神：㉝執金剛身。

這些身形從佛位至道外眾生、天界到阿修羅等等，都是觀音爲了隨順眾生的根機，而示現種種千變萬化的形象。

三十三體觀音

另外，三十三觀音又有三十三體觀音的說法，是指觀音

Avalokiteśvara

観音菩薩

➡ 佛曆 1194～1204

公元 650～660

§ 西印度僧伽梵達磨翻譯
《千手千眼觀世音菩薩
廣大圓滿無礙大悲心陀
羅尼經》一卷及《千手
千眼觀世音菩薩治病合
藥經》一卷（《宋高僧
傳》卷三）

§ 唐‧尉遲乙僧畫千手千
眼大悲像於長安慈恩寺
塔前（《唐朝名畫錄》
〈神品〉）

應以聲聞身得度者，即現聲聞身而為說法。

應以梵王身得度者，即現梵王身而為說法。

應以帝釋身得度者，即現帝釋身而為說法。

應以自在天身得度者，即現自在天身而為說法。

觀世音菩薩普門品圖證（三）

濟度眾生所示現的三十三觀音，以下依《佛像圖彙》所記載的形象來介紹，而左圖則錄自「觀世音菩薩普門品圖證」。

　　1.楊柳觀音：此尊的形象一般常見為踞坐在岩石上，右手執楊柳枝（有說表千手觀音的楊柳手三昧），左手掌張開，放掌於胸前；或是左手持著淨瓶。

　　觀音菩薩為了利益眾生，都是隨順眾生的願望而示現的，就如同楊柳隨風飄蕩而不違逆一般，因此才得此名；有時也可表為眾生拂去身上種種的病難。

　　2.龍頭觀音：被認為是三十三身觀音教化天龍的化身，表現站立或坐在雲中乘著龍頭的姿勢，以龍為獸中之王，來比喻觀音的威神。

　　3.持經觀音：此尊形象踞坐在巖石上，右手執著經卷，左手置於膝上；表示三十三身觀音中的聲聞身，即聲聞觀音。「聲聞」是聞佛聲教導而開悟出家。在《華嚴經》〈普門品〉：「應以聲聞身得度者，即現聲聞身而為說法。」的文句象徵，持經卷為其特色。

　　4.圓光觀音：在圓光火焰光明中現出色身，雙手合掌坐於岩石上，表《法華經》〈普門品〉所說：「或遭王難苦，臨刑欲壽終，念彼觀音力，刀尋段段壞。」若有人不幸遭遇刑戮時，念此觀音，可使刀折斷壞，而身體免除危害。

　　5.遊戲觀音：乘坐五彩雲，左手置放於偏臍處，作遊戲法界自在無礙的相狀，有人認為是〈普門品〉中「或被惡人

Avalokiteśvara

觀音菩薩

佛曆 1194～1220

公元 650～676

§ 號稱「初唐四杰」之一的神童王勃，作《觀音大士贊》，有「南海海深幽絕處，碧紺嵯峨連水府，號名七寶洛迦山，自在觀音于彼住」

應以大自在天身得度者，即現大自在天身而為說法。

應以天大將軍身得度者，即現天大將軍身而為說法。

應以毘沙門身得度者，即現毘沙門身而為說法。

應以小王身得度者，即現小王身而為說法。

觀世音菩薩普門品圖證（四）

逐，墮落金剛山，念彼觀音力，不能損一毛。」這一段文句，是菩薩救護墮山急難眾生的象徵。因爲此尊以遊戲自在，無滯無礙，故有此稱。

6.白衣觀音：著白色衣衫，坐於敷有軟草的岩石上，手結定印，結跏趺坐。這個形象，或認爲是三十三身觀音內的比丘、比丘尼身。有二重圓相，爲三十三觀音的中尊。又，胎藏界曼荼羅的白處尊，一稱白衣觀音，但兩者無關。

7.臥蓮觀音：安坐於池中的蓮華座上，手成合掌的姿勢；表三十三身觀音內的小王身，譬喻小王尊貴之身坐臥蓮上。

8.瀧見觀音：又名飛瀑觀音，倚於斷崖上觀瀑布的姿勢；象徵〈普門品〉中：「假使興害意，推落大火坑，念彼觀音力，火坑變成池。」這一段文意。若有眾生掉入大火坑，如能稱念觀世音菩薩的名號，菩薩即應聲救之，使火坑變成池治。

9.施藥觀音：菩薩坐於池邊，右手撐頰，倚於膝上，左手叉腰，注視蓮華；或表〈普門品〉中：「或在須彌峰，爲人所推墮，念彼觀音力，如日虛空住。」的文句象徵。

10.魚籃觀音：專門排除羅刹、毒龍、惡鬼等障礙，其形象或有乘騎大魚背上，或是手提裝有大魚的籃子，傳說此觀音是龐蘊大士的女兒；或認爲是〈普門品〉中：「或遇惡羅刹，毒龍諸鬼等，念彼觀音力，時悉不敢害。」的文句象徵。

Avalokiteśvara

觀音菩薩

➡️ **佛曆** 1206

公元 662

§ 恢復長安靈感寺，並改

稱觀音寺

應以長者身得度者，即現長者身而為說法。

應以居士身得度者，即現居士身而為說法。

應以宰官身得度者，即現宰官身而為說法。

應以婆羅門身得度者，即現婆羅門身而為說法。

應以比丘、比丘尼、優婆塞、優婆夷身得度者，即現比丘、比丘尼、優婆塞、優婆夷身而為說法。

觀世音菩薩普門品圖證（五）

11.德王觀音：菩薩趺坐於岩石上，左手置於上，右手持綠葉或柳枝一枝；表三十三身之一，如〈普門品〉中記載：「應以梵王身得度者，即現梵王身而為説法。」的梵王身。所以梵王乃色界之主，其德殊勝，故稱德王。

12.水月觀音：菩薩在月光下乘著一葉蓮華舟，寂靜的注視著水面的月影；表三十三身中的辟支佛身。

13.一葉觀音：菩薩乘著一片蓮華，悠然漂蕩於水面上。或認為是三十三身內的宰官身，表〈普門品〉所說：「若為大水所漂，稱其名號，即得淺處。」的象徵。

14.青頸觀音：菩薩坐於斷崖之上，右膝立起，右手放在膝上，左手扶著岩壁；或認為是三十三身中的佛身。

15.威德觀音：菩薩右手著地，左手持蓮華，在岩上觀水的姿態；或認為是三十三身內的天大將軍身，以天大將軍威德全備，所以名為威德觀音。

16.延命觀音：菩薩倚於水邊岩上，悠然而欣賞水面景物；或認為是〈普門品〉內：「咒詛諸毒藥，所欲害身者，念彼觀音力，還著於本人。」一文的象徵形象。此觀音以能除去諸毒害壽命之物，而得以延長壽命，所以名為延命觀音。

17.眾寶觀音：菩薩右手著地，右足伸展，左手置於立著的膝上，現安穩之相；或有認為是三十三身內的長者身。或有認為〈普門品〉有「若有百千萬億眾生，為求金銀、琉

Avalokiteśvara

觀音菩薩

➡ 佛曆 1227～1286

公元 683～742

§ 南印度僧菩提流支翻譯

《千手千眼觀世音菩薩
姥姥陀羅尼身經》一卷

應以長者、居士、宰官、婆羅門、婦女
身得度者，即現婦女身而為說法。

應以童男、童女身得度者，即現童男、
童女身而為說法。

應以天、龍、夜叉、乾闥婆、阿修羅、
迦樓羅、緊那羅、摩睺羅伽人與非人等
身得度者，即皆現之而為說法。

應以執金剛神得度者，即現執金剛神而
為說法。

觀世音菩薩普門品圖證（六）

璃、硨磲、瑪瑙、珊瑚、琥珀、眞珠等寶，入於大海，假使黑風吹其船舫，飄墮羅刹鬼國，其中若有乃至一人，稱觀世音菩薩名者，是諸人等，皆得解脫羅刹之難。」乃其由來。

18.岩戶觀音：菩薩端坐於岩石洞窟內，自在地欣賞水面。或認爲是〈普門品〉中：「蚖蛇及蝮蠍，氣毒煙火燃，念彼觀音力，尋聲自迴去。」一文的象徵形象。

19.能靜觀音：佇立海邊岩上，作寂靜相；或有認爲是〈普門品〉中：「假使黑風吹船舫，飄至羅刹鬼國，其中若有乃至一人稱觀音菩薩名者，是諸人等，皆得解脫羅刹之難。」的象徵形象。

20.阿耨觀音：阿耨即阿耨達池，又稱阿耨大泉，譯作無熱池。此菩薩形爲左膝倚背在岩石上，兩手相交，遠眺海面。表〈普門品〉中：「或漂流巨海，龍魚諸鬼難，念彼觀音力，波浪不能沒。」若有人在海上遭遇龍魚諸鬼大難時，念此觀音力，則可免除風浪海難的象徵形象。

21.阿摩提觀音：即無畏觀音。而在觀音所現的姿態是左膝倚於岩上，二手置於膝上。表三十三身中的毗沙門者。

22.葉衣觀音：坐於敷草的岩石上，表三十三身中的帝釋身。在胎藏界曼荼羅中也有葉衣觀音。

23.琉璃觀音：乘一葉蓮華瓣，輕飄於水面，雙手捧琉璃壺。表三十三身中的自在天身。

24.多羅尊觀音：全身直立乘於雲中的姿勢。表〈普門

Avalokiteśvara

觀音菩薩

➤ 佛曆 1257

公元 713（？）

§ 成都妙積寺魏八尼常念
 大悲咒，其弟子：意
 兒，感得先王菩薩像，
 令畫工圖之（《寺塔
 記》）

假使興害意，推落大火坑，念彼觀音
力，火坑變成池。

或漂流巨海，龍魚諸鬼難，念彼觀音
力，波浪不能沒。

或在須彌峰，為人所推墮，念彼觀音
力，如日虛空住。

或被惡人逐，墮落金剛山，念彼觀音
力，不能損一毛。

或值怨賊繞，各執刀加害，念彼觀音
力，咸即起慈心。

觀世音菩薩普門品圖證（七）

品〉中：「或值怨賊繞，各執刀加害，念彼觀音力，咸即起慈心。」一文的象徵。

25.蛤蜊觀音：以其坐於蛤蜊中，故有此稱。表三十三身中的菩薩身。

26.六時觀音：菩薩右手持梵夾而立，表三十三身中的居士身。

27.普悲觀音：雙手牽法衣垂於前方，立於山岳之上。表三十三身中的大自在天身。

28.馬郎婦觀音：表三十三身中的婦女身。或有馬郎婦觀音形象爲右手持法華經，左手執頭骸骨，女人形。

29.合掌觀音：立於蓮華臺上，作合掌而立手勢。表三十三身中的婆羅門身。

30.一如觀音：坐於雲上之蓮華座，豎立左膝，有降伏雷電之姿。或表〈普門品〉中：「雲雷鼓掣電，降雹澍大雨，念彼觀音力，應時得消散。」一文的象徵形象。

31.不二觀音：其像爲兩手相叉，乘一片浮於水面之蓮葉。或表三十三身中的執金剛神身。

32.持蓮觀音：兩手執蓮莖，立於荷葉上。或認是三十三身內的童男童女身。

33.灑水觀音：右手執灑杖或楊柳枝，左手執灑水瓶器，立於地上。或表〈普門品〉中：「若爲大水所漂，稱其名號，即得淺處。」一文的象徵。或有一說爲：「悲體戒雷

Avalokiteśvara

觀音菩薩

➡ 佛曆 1266

公元 722

§ 在成都造先天菩薩塑像
一組，約二百尊，並繪
其形像為十五卷。此圖
卷不久後即流行於長
安，並上呈玄宗，後又
被賜予高力士。（《寺
塔記》）

§ 李邕的天台「國清寺
碑」載曰：「起念事
功，頓超十劫之地，坐
入位證，遙比千眼之
天」。即將千手千眼觀
音與地藏比擬為天地
（《全唐文》）

或遭王難苦，臨刑欲壽終，念彼觀音
力，刀尋段段壞。

或囚禁枷鎖，手足被杻械，念彼觀音
力，釋然得解脫。

咒詛諸毒藥，所欲害身者，念彼觀音
力，還著於本人。

或遇惡羅剎，毒龍諸鬼等，念彼觀音
力，時悉不敢害。

觀世音菩薩普門品圖證（八）

震，慈意妙大雲，如甘露法雨，滅除煩惱焰。」的象徵。

以上略說三十三觀音，其中白衣、青頸、阿耨、阿摩提、多羅尊等不是印度的變化觀音，大約是中國唐朝以後民間新崛起的信仰。

在〈普門品〉中的經文與三十三化身相配合，也只是其中的一種說法而已。這些觀音形相，在有些書籍中的說法並不統一。

六觀音

六觀音是比較有系統的歸納觀音形像，並與教化六道眾生相互配合。六觀音有二種，一種是：㈠大悲觀音、㈡大慈觀音、㈢師子無畏觀音、㈣大光普照觀音、㈤天人丈夫觀音、㈥大梵深遠觀音。另一種是：㈠聖觀音、㈡千手觀音、㈢馬頭觀音、㈣十一面觀音、㈤準提觀音、㈥如意輪觀音。

第一種六觀音是天台宗的說法。

《摩訶止觀》卷二說：「大悲觀世音破地獄道三障，此道最苦重，宜用大悲。大慈觀世音破惡鬼道三障，此道飢渴，宜用大慈。師子無畏觀世音破畜牲道三障，獸王威猛，宜用無畏也。大光普照觀世音，破修羅道三障，其道猜忌嫉疑偏，宜用普照。天人丈夫觀世音破人道三障，人道有事、理，事伏憍慢稱天人，理則見佛性，稱丈夫。大梵深遠觀音破天道三障，梵是天王，標主得臣也。」

Avalokiteśvara
觀音菩薩

➤ 佛曆 1257～1299

公元 713～755

§ 吳道玄畫大悲菩薩像三
軀（《宣和畫譜》二）

若惡獸圍繞，利牙爪可怖，念彼觀音力，疾走無邊方。

蚖蛇及蝮蠍，氣毒煙火燃，念彼觀音力，尋聲自迴去。

雲雷鼓掣電，降雹澍大雨，念彼觀音力，應時得消散。

諍訟經官處，怖畏軍陣中，念彼觀音力，眾怨悉退散。

觀世音菩薩普門品圖證（九）

1.大悲觀音：主要是破除地獄道的煩惱障、業障及業障所招感的果報之報障等三障，因爲地獄道的眾生苦迫尤重，所以觀世音菩薩在此道特重大悲，是爲大悲觀音。

2.大慈觀音：大慈觀音主要是破除餓鬼道的三障。由於餓鬼的眾生道因爲飢渴重，所以宜用大慈來加以救治。

3.師子無畏觀音：師子無畏觀音主要是破除畜生道的三障。因爲畜生道的獸王極爲威猛，所以宜用無畏來救治。

4.大光普照觀音：主要破除阿修羅道的三障。由於阿修羅道的眾生之性情多猜疑忌嫉，所以適宜運用大光普照來救濟。

5.天人丈夫觀音：主要破除人道的三障。所謂「天人丈夫」的名號來由，是因人道中有事也有理，在事相上能降伏驕慢所以稱爲天人，若自在理上則是能見佛性，所以稱爲丈夫。

6.大梵深遠觀音：主要破除天道的三障。這是因爲大梵是天主的標幟，是天人之王，代表能得諸臣，而降伏一切。

第二種是東密的說法，東密亦以六種觀音來救濟六道的眾生。

1.聖觀音主救度餓鬼道眾生。

2.千手觀音主救度地獄道眾生。

3.馬頭觀音主救度畜生道眾生。

4.十一面觀音主救度阿修羅道眾生。

Āvalokiteśvara
觀音菩薩

➤ 佛曆 1262～1273

公元 718～729

§ 日本在道慈營造的奈良
元興寺金堂建立丈六千
手觀音像二軀（《元興
寺緣起》慈俊私勘及
《七大寺巡禮私記》）

千手觀音　　　聖觀音　　　馬頭觀音

十一面觀音　　準提觀音　　如意輪觀音

東密六道觀音

5.準提觀音主救度人間道眾生。

6.如意輪觀音主救度天道眾生。

　　而日本台密系統，則是以聖觀音化導地獄，千手觀音化導餓鬼，而不空羂索觀音化導人道。因此，除去準提觀音，加上不空羂索觀音為六觀音。但也有綜合台密與東密的說法，而納入準提、不空羂索觀音，成為七觀音者。

二種六觀音與六道的分配圖

六　　　道	六觀音（東密）	六觀音（天台宗）
地　獄　道	千手觀音	大悲觀音
餓　鬼　道	聖觀音	大悲觀音
畜　牲　道	馬頭觀音	師子無畏觀音
修　羅　道	十一面觀音	大光普照觀音
人　　　道	準提觀音	天人丈夫觀音
天　　　道	如意輪觀音	大梵深遠觀音

大悲咒的本尊──千手觀音

　　在此我們特別介紹觀音的化身之一，一尊常為中國人所誦持的「大悲咒」的本尊──千手觀音。

Āvalokiteśvara

觀音菩薩

➤ 佛曆 1263～1285

公元 719～741

§ 南印度僧金剛智譯出
《千手千眼觀自在菩薩
廣大圓滿無礙大悲心陀
尼咒本》一卷、《千手
千眼觀世音菩薩大身咒
本》一卷

1. 如意寶珠手

若為富饒種種功德資具
者，當於如意寶珠手。

2. 羂索手

若為種種不安求安穩者
，當於羂索手。

3. 寶鉢手

若為腹中諸病苦者，當
於寶鉢手。

4. 寶劍手

若為降伏一切魍魎鬼神
者，當於寶劍手。

5. 跋折羅手

若為降伏一切天魔外道
者，當於跋折羅手。

6. 金剛杵手

若為催伏一切怨敵者，
當於金剛杵手。

7. 施無畏手

若為一切時一切處怖畏不
安者，當於施無畏手。

8. 日精摩尼手

若為眼暗無光明者，當
於日精摩尼手。

9. 月精摩尼手

若為患熱毒病求清涼者
，當於月精摩尼手。

10. 寶弓手

若為榮官益職求仕官者
，當於寶弓手。

11. 寶箭手

若為諸善朋友早相逢遇
者，當於寶箭手。

12. 楊柳枝手

若為身上種種病難者，
當於楊柳枝手。

　　關於觀音菩薩具足千手千眼的因緣，根據《千光眼觀自在菩薩祕密法經》所描述：過去無量億劫有千光王靜住如來出世，因為憐念一切眾生，所以宣說廣大圓滿無礙大悲心陀羅尼，當時，觀音菩薩一聽聞此咒，為了利益安樂一切眾生的廣大誓願，並應時身上具足千手千眼。

　　千手觀音的四十手隨順著眾生根機，相應於如來五部的五種法，能滿足一切願望，具是以四十手，來表示此尊的本誓。

　　經中並詳列有與此四十手相應的化身觀音的尊形與真言咒語。此四十尊由千手觀音四十手所化顯的菩薩，在密教中特指稱為四十觀音。現在依據《千光眼觀自在菩薩祕密法經》、《大悲心陀羅尼經》所載，將此四十手所表徵的特德，與顯化的相應四十尊觀音略述如下：

1.息災法佛部

　　化佛手（不離觀音，表不離佛邊）、羂索手（持索觀音，安穩）、施無畏手（深怖觀音，除怖）、白拂手（拂難觀音，除惡障）、傍牌手（現怒觀音，辟除惡獸）、鉞斧手（鎮難觀音，離官難）、戟鞘手（破具觀音，除賊難）、楊柳手（藥王觀音，除病）。

2.調伏法金剛部

　　跋折羅手（金剛觀音，降伏天魔）、金剛杵手（持杵觀音，摧怨敵）、寶劍手（寶劍觀音，降伏魍魎鬼神）、宮殿

Āvalokiteśvara

觀音菩薩

➡ 佛曆 1264～1318

公元 720～774

§ 不空譯出《金剛頂瑜伽
　千手千眼觀自在念誦
　法》一卷、《千手千眼
　觀世音菩薩大悲心陀羅
　尼》一卷

13. 白拂手

若為除滅一切惡障難者
，當於白拂手。

14. 寶瓶手

若為一切善和眷屬者，
當於寶瓶手。

15. 傍牌手

若為辟除一切虎狼諸惡
獸者，當於傍牌手。

16. 鉞斧手

若為一切時一切處離官
難者，當於鉞斧手。

17. 玉環手

若為男女及諸僕使者，
當於玉環手。

18. 白蓮華手

若為種種功德者，當於
白蓮華手。

19. 青蓮華手

若為求生十方淨土者，
當於青蓮華手。

20. 寶鏡手

若為成就廣大智惠者，
當於寶鏡手。

21. 紫蓮華手

若為面見一切十方諸佛
者，當於紫蓮華手。

22. 寶篋手

若為求地中種種伏藏者
，當於寶篋手。

23. 五色雲手

若為速成就佛道者，當
於五色雲手。

24. 軍持手

軍持為瓶、澡瓶、水瓶
之意。若為求生諸梵天
上者，當於軍持手。

手（大勢觀音，不處胎宮）、金輪手（不轉觀音，菩提心不退）、寶鉢手（寶鉢觀音，除腹中病）、日摩尼手（日精觀音，得眼明）、月摩尼手（月精觀音，除熱毒病）。

3.增益法寶部

如意珠手（與願觀音，豐饒資具）、寶弓手（寶弓觀音，得仕官）、寶經手（般若觀音，得聰明多聞）、白蓮手（分荼利觀音，得功德）、青蓮手（見佛觀音，生淨土）、寶鐸手（法音觀音，得妙音聲）、紫蓮手（見蓮觀音，見諸佛）、蒲桃手（護地觀音，稼穀成熟）。

4.敬愛法蓮華部

合掌手（現敬觀音，人非人愛念）、寶鏡手（鏡智觀音，得智慧）、寶印手（智印觀音，得辯才）、玉環手（持環觀音，得男女僕使）、胡瓶手（持瓶觀音，善和眷屬）、軍持手（禪定觀音，生梵天）、紅蓮天（天花觀音，生諸天宮）、錫杖手（慈杖觀音，得慈悲心）。

5.鉤召法羯磨部

鐵鉤手（鉤召觀音，善神擁護）、頂上化佛手（灌頂觀音，得佛授記）、數珠手（念珠觀音，佛來授手）、寶螺手（持螺觀音，呼召善神）、寶箭手（速值觀音，遇善友）、寶篋手（見隱觀音，得伏藏）、髑髏手（縛鬼觀音，使令鬼神）、五色雲手（仙雲觀音，成就仙法）。

Āvalokiteśvara

觀音菩薩

➡ 佛曆 1272

公元 728

§ 日本皇太子基王病，鑄
造觀音像 177 尊、抄寫
《觀音經》177 卷

25. 紅蓮華手

若為求生諸天宮者，當
於紅蓮華手。

26. 寶戟手

若為辟除他方逆賊怨敵
者，當於寶戟手。

27. 寶螺手

若為呼召一切諸天善神
者，當於寶螺手。

28. 髑髏寶杖手

若為令一切鬼神不相違
拒者，當於髑髏寶杖手
。

29. 數珠手

若為十方諸佛速來授手
者，當於數珠手。

30. 寶鐸手

若為成就一切上妙梵音
聲音，當於寶鐸手。

31. 寶印手

若為成就口辯言辭巧妙
者，當於寶印手。

32. 俱尸鐵鉤手

若為善神龍王常來擁護
者，當於俱尸鐵鉤手。

33. 錫杖手

若為慈悲覆護一切眾生
者，當於錫杖手。

34. 合掌手

若為令一切鬼神、龍蛇
、虎狼、師子、人及非
人，常相恭敬愛念者，
當於合掌手。

35. 化佛手

若為生生之處不離諸佛
邊者，當於化佛手。

36. 化宮殿手

若為生生世世常在佛宮
殿中，不處胎藏中受身
者，當於化宮殿手。

052

四十手的持物

依《大悲心陀羅尼經》所載，四十手的持物或所作的印相爲：如意珠、羂索、寶鉢、寶劍、跋折羅、金剛杵、施無畏、日精摩尼、月精摩尼、寶弓、寶箭、楊枝、白拂、胡瓶、傍牌、斧鉞、玉環、白蓮華、青蓮華、寶鏡、紫蓮華、寶篋、五色雲、軍持、紅蓮華、寶戟、寶螺、髑髏杖、數珠、寶鐸、寶印、俱尸鐵鉤、錫杖、合掌、化佛、化宮殿、寶經、不退金輪、頂上化佛、蒲萄。

另外，有人將四十手加上甘露手，而成爲四十一手；或加上中央的蓮華合掌及入定印，而成爲四十二臂。

此外，在《千手千眼觀世音菩薩大悲心陀羅尼經》及《覺禪鈔》等經軌中，也繪列有這四十二手的印相、持物、作用及眞言。茲臚列如左頁圖所示：

此外，據《千光眼觀自在菩薩祕密法經》記載，過去，觀自在菩薩於千光王靜住如來所親，受大悲心陀羅尼，當時觀自在菩薩一聽聞此咒語，就直超八地菩薩的境界，心得歡喜，而發起利益一切眾生的廣大誓願，應時即具足千手千眼。然後就入於無所畏三昧。

從三昧光明中涌現出二十五位菩薩，每一位菩薩都具足相好如同觀自在菩薩。他們各具十一面，各於身上具足四十手，而每隻手掌中都有一慈眼。

Āvalokiteśvara

觀音菩薩

佛曆 1284

公元 740

§ 日本藤原廣嗣叛亂；天
皇敕令全國製造觀音
像，抄寫《觀音經》，
以祈鎮壓叛亂

37.寶經手
若為聰明多聞廣學不忘者，當於寶經手。

38.不退轉金輪手
若為從今身至佛身菩提心當不退轉者，當於不退轉金輪手。

39.頂上化佛手
若為十方諸佛速來摩頂授記者，當於頂上化佛手。

40.蒲桃手
若為果蓏諸穀稼者，當於蒲桃手。

41.甘露手
若為一切飢渴有情及諸餓鬼得清涼者，當於甘露手。

當觀自在菩薩出於三昧時，告訴諸化現菩薩應前往濟度二十五界眾生，而每一菩薩則各入於三昧境界，而從其四十手中又化現出四十菩薩來施行廣大救濟。

Avalokiteśvara
觀音菩薩

➡ 佛曆 1285

公元 741

§ 日僧正玄昉發願書寫
《千手千眼經》一千卷
（守屋氏藏玄昉願經及
《東大寺要錄》卷一）

金剛羅陀迦毘羅	婆馱娑樓羅	畢婆伽羅王
應德毗多薩和羅	炎摩羅	釋王

二十八部眾（部分一）

04 觀音菩薩的眷屬

　　每位佛菩薩都具有無量的眷屬，觀音菩薩當然也不例外。而且觀音菩薩在十方世界中，有無邊的化現，所以一切化身的觀音菩薩的眷屬，皆可視爲觀音菩薩的眷屬。

　　此外在西方極樂世界，除了主尊阿彌陀佛外，極樂世界的諸尊，也都可視爲其眷屬。而在《一切功德莊嚴王經》、《清淨觀世音普賢陀羅尼經》等，則以觀音菩薩爲釋迦牟尼佛的脅侍。

　　又如在《大乘莊嚴寶王經》中，觀音菩薩示現毛孔淨土，住在觀音菩薩毛孔中的無量菩薩、天人，乃至於補處菩薩，都是其眷屬。又如在《華嚴經》中所敘述，在普陀山中，聽聞觀音菩薩大悲法門的無量菩薩，也都是其眷屬。

千手觀音的二十八部眾

　　千手觀音的二十八部眾，可說是觀音菩薩最爲著名的眷屬眾。由於儀軌的不同，其名稱亦各自不同。

　　《千手陀羅尼經》（伽梵達摩譯）所舉二十八部眾如下：(1)密跡金剛士烏芻君荼鴦俱尸，(2)八部力士賞迦羅，(3)摩醯那羅延，(4)金剛羅陀迦毘羅，(5)婆馺娑樓羅，(6)滿善車鉢眞陀羅，(7)薩遮摩和羅。

Avalokiteśvara

觀音菩薩

➡ 佛曆 1286

公元 742

§ 日本在道慈營造的奈良
大安寺金堂安置脇侍千
手觀音立像（擬寬平
《大安寺緣起》、《七
大寺日記》及《私
記》）

金色孔雀王	摩尼跋陀羅	散支大將弗羅婆
修羅乾闥婆	迦樓緊那摩睺羅	水火雷電神

二十八部眾（部分二）

(8)鳩蘭單吒半衹羅，(9)畢婆伽羅王，(10)應德毘多薩和羅，(11)梵摩三鉢羅，(12)五部淨居炎摩羅，(13)釋王，(14)大辯功德娑怛那。

(15)提頭賴吒王，(16)神母女等大力眾，(17)毘樓勒叉王，(18)毘樓博叉毘沙門，(19)金色孔雀王，(20)二十八部大仙眾，(21)摩尼跋陀羅。

(22)散支大將弗羅婆，(23)難陀跋難陀，(24)婆伽羅龍伊鉢羅，(25)修羅乾闥婆，(26)迦樓緊那摩睺羅，(27)水火雷電神，(28)鳩槃茶王毘舍闍。

觀音二十八部眾，是千手觀音在弘法上的二十八部眷屬，也是擁護觀音法門修持者的良善鬼神眾。

在《大悲心陀羅尼經》中，記載二十八部眾護持修持大悲咒的人：「其人若在空山曠野獨宿孤眠，是諸善神，番代宿衛，辟除災障。若在深山，迷失道路，誦此咒故，善神龍王，化作善人，示其正道。若在山林曠野，乏少水火，龍王護故，化出水火。」

持誦大悲咒的人，除了直接蒙受咒語的法益，以及觀世音菩薩的護念外，大梵天王還會派遣二十八部善神，各率五百眷屬及大力夜叉來保護修行者。

Āvalokiteśvara
觀音菩薩

➡️ **佛曆** 1279～1289

　　公元 735～745

§ 日本在興福寺食堂安置

　丈六千手觀音像作為本

　尊

尋聲救苦的觀音菩薩

第二章　觀音菩薩過去生因緣

　　觀音菩薩在過去生中，沒有絲毫執著的實踐無量的菩薩行，發起廣大的悲願，圓滿菩薩的六波羅蜜行，永無怖畏的幫助眾生，教化眾生成就菩提。

　　觀音菩薩尋聲救苦，是眾生心目中大慈大悲的象徵，更是法界中的施無畏者，給予眾生永遠不變的無畏濟度，教化眾生成就無上菩提。

　　觀音菩薩具有著不可思議的大悲威力，他的智慧、悲心，是如何成就的？他以什麼樣的因緣，而成為諸佛大悲的代表？他又如何能夠聞聲救苦，給予眾生無畏的心念，並幫助大家成就無上的菩提？這些疑惑，我們可以在觀音菩薩的過去生因緣中，觀察到部分的因由。

Ávalokiteśvara

觀音菩薩

■ 迴向

迴向有迴轉趣向的語義。意謂迴轉自己所作的功德善根以趣向眾生成就無上菩提，或往生淨土等。

據《悲華經》記載，觀音菩薩於過去生與阿彌陀佛曾經同為父子關係

01 觀音菩薩過去生之一：
善發大悲誓願的不昫王子

在很久遠以前過恆河沙等阿僧祇劫，人壽爲八萬歲的時代裡，有一個名爲刪提嵐的世界，這個世界在善持大劫時，當時的佛陀名爲寶藏如來，那時有一位名爲無諍念的轉輪聖王，他有一千個兒子，大兒子名爲不昫。

這位無諍念王就是阿彌陀佛的過去生，而大兒子就是觀音菩薩的過去生。

有一次，在長達三個月的期間，無諍念王與他的千個兒子一起供養寶藏如來以及所有的比丘僧眾，長達三個月之久。他們供養完畢後，便各自發願迴向，但很可惜的是：他們將供養佛陀的福報功德，迴向於實現人天福報，並沒有發心迴向無上菩提。

那時，轉輪聖王有一位名爲寶海的大臣，他常常到處勸人發起廣大菩提心，甚至連天龍鬼神眾，他都規勸他們歸依三寶，發起菩提心。因此，很多眾生都在大臣寶海的導引下，而志求大乘，發起無上菩提心。

就在無諍念王和王子們各自迴向祈願後的夜裏，大臣寶海做了一個很奇怪的夢：在夢中，他見到了十方恆河沙無量的佛陀，每一位佛陀都拿蓮華給大臣寶海，並且示現了各種

佛曆 1292

公元 748

§ 高僧鑑真東渡日本，途
經蓮花洋，上普陀山候
風待潮，見海市蜃樓
（普陀山志）

■ 六道輪迴

六道，即地獄、畜生、餓鬼、人、天、阿修羅等，有善惡等級的分別。眾生由於其未盡的業報，所以於六道中受無窮流轉生死輪迴的痛苦，稱為六道輪迴。

六道輪迴圖

不可思議的瑞相。

　　但是，在夢中他卻看到無諍念王變成了人形豬面，身上沾滿血跡，四面八方到處奔馳，並且始吃食各種蟲類，等到吃飽後，竟然有無量眾生來爭食轉輪聖王的身體，就這樣不斷地輪轉著同樣的命運。大臣寶海越看夢中的景像越感覺驚恐。

　　不僅如此，他也看見諸位王子，有的是象面，有的是水牛面、獅子面，或是狐、狼、豹面、豬面等，他們也都噉食無量眾生，接著又被無量眾生所食，他都與與父親的命運一樣，生生世世都是如此輪迴著。

　　這時，從夢中驚醒的大臣寶海，便急忙趕到寶藏如來的住處，將這奇異的夢境請教如來。

　　寶藏如來向大臣寶海解釋說：雖然無諍念王王子們有修習福德，但是，他們的心中只想求取世間的福報，所以當他們享盡福報之後，又旋即落入惡趣的輪轉當中。然後，如來又向大臣寶海宣說投生六道輪迴的種種苦處。

　　於是大臣寶海便將夢中所見及如來的教誨，全部告訴轉輪聖王以及太子們，勸其要發起成就佛道的菩提心，不要只求人天福報而已。國王和太子聽從了大臣寶海的勸告，決定重新思惟發願。

　　這時，太子不眴特別觀察到眾生的苦惱，不禁感嘆：「我現在觀察地獄眾生，有各種苦迫煩惱；而人道天道的生命，很多都有染垢的心，因此經常墮落於地獄、餓鬼、畜牲

Avalokiteśvara

觀音菩薩

➡ 佛曆 1297

公元 753

§ 唐朝僧人鑑真赴日本
　時，攜白栴檀千手像一
　軀，繡千手像一鋪
　（《唐大和上東征
　傳》）

§ 鑑真弟子如寶造唐招提
　寺金堂的千手觀音像
　（《招提寺建立緣
　起》）

不眴太子在寶藏如來面前發起大志願

等三惡道中。」

　　他心中又想：「這些眾生由於沒有親近具足正見的善知識，因此退失正法，墮在大黑暗處，運用自己的各種善根，攝取種種邪曲錯誤的知見等，來蒙蔽自己的心，而行於邪道。」不眴太子看到眾生在痛苦中復為痛苦，造作罪業、蒙受惡報，然後又再造罪，無法從不停止的輪迴中跳脫出來。

　　於是，他就決定到寶藏如來面前發起大志願：「世尊！現今我以大音聲告訴一切眾生：我的所有一切善根，廣皆迴向成就無上正等正覺，願我行菩薩道時，如果有眾生，受到一切苦惱恐怖等事，退失於正法，墮在大暗處，憂愁孤苦貧窮，無有救護，無有依止、無有房舍，如果能憶念我，稱念我的名號，如果為我天耳所聽聞，天眼所觀見，如是眾生，如果不能除滅苦惱者，我終究不能成就佛果境地。」

　　不眴太子發了這樣的大願之後，寶藏如來讚歎地說：「你能觀察天人及三惡道一切眾生，幫助他們去除一切煩惱，讓他們生起大悲心，使他們安住於究竟快樂當中。」

　　同時，如來以無比渾厚的法界妙音，授記不眴太子將來必定成佛，而稱呼他為觀世音。當他在行菩薩道時，過百千無量的佛陀入於涅槃之後，其淨土就轉名為『一切珍寶所世界』……，於菩提樹下安坐於金剛寶座，於一念間成就正等正覺的佛果，佛號名為遍出一切光明功德山王如來，十種佛號具足。

Avalokiteśvara
観音菩薩

■ 六波羅蜜

全稱為六波羅蜜多。翻譯為六度，波羅蜜譯為「度」是到彼岸之意。

六波羅蜜實乃大乘佛教中菩薩欲成佛道所實踐的六種德目。即：

(1)**般若**：般若就是智慧，是生命中透徹圓滿的真實智慧。我們若能透過聞、思、修乃至現證真實的般若智慧。

(2)**禪定**：禪定是消除煩惱妄想，讓我們產生智慧的根本修持方法。

(3)**精進**：精進是永不終止的在生命道上奮力增上，在生命圓滿的過程中，我們安住在吉祥喜樂當中，也不斷以吉祥喜樂的心，增長自己的身心智慧，並濟助其他的生命。

(4)**忍辱**：忍辱是生命進化的原動力，是我們增長幸福圓滿的資糧。忍辱是觀照並明瞭一切不如理、不如實的現象，並且不受干擾，千萬不要用壓抑或自認為「犧牲」的心態來面對，而應觀照了知其中的因緣，因為這正是消業增福的契機。

(5)**持戒**：戒是自我身心的生活規範，能使我們在生命的增長過程當中，免除不必要的障礙。持戒先要自己安心、安身，而後安人。所以，不要製造擾動自己身、心的因緣，也不對他人產生紛擾，而一心遵守成就菩提大道的規範而行。

(6)**布施**：布施永遠是雙向的，布施予他人安心、智慧、財物，也就是同時施予自己悲心、歡樂、功德。

為了凸顯現代修行的輕重次序，將以上六波羅蜜的順序反論。而六波羅蜜的修行，確如《大智度論》中所言，每一波羅蜜皆含攝其他五種，任修其一皆與其他五種應和。

02 觀音菩薩過去生之二：蓮華化生的童子

在無量功德寶莊嚴普現妙樂世界中，有師子遊戲金光王如來出現於世，當時有一位勝威王，在聽聞如來宣說「無量印善巧法門」之後，就現觀了悟法界中的一切方法都是不生不滅的，沒有任何必須執取或不執取的。

因為勝威王了悟萬法是不生不滅、無有限量，因此他也沒有絲毫的執著地實踐著無量的菩薩行，圓滿菩薩的六波羅蜜。而且在每一個時刻，每一剎剎那那當中，都將一切的妙善功德迴向無上菩提；將一切福德利益都圓滿迴向給眾生，化為眾生度脫生死輪迴的船筏，使一切眾生平安超脫生死大海，而能夠安住在真如實際的境界當中，圓滿解脫。

勝威王受持了無量印善巧法門之後，心中的法喜滿溢著，使他更加無畏、勇猛精進地在無上菩提的道路上前進著。

當勝威王回到了王宮之後，就不斷的思惟、修習，一心安住在無量印善巧法門之中。

他將從佛陀教所導的法門，全部應用於禪觀的練習上，在這樣一心修持禪法的過程當中，他的心量很自然地愈來愈廣大，而且能夠涵攝無量的妙法，從此勝威王的禪定境界越來越殊勝，也越來越圓滿了。

Ávalokiteśvara

觀音菩薩

➡ 佛曆 1274～1324

公元 730～780

§ 日本奈良時代的山階寺
及河邊嶋守藏有《千手
經》

■ 雙足跏趺禪坐

雙足跏趺即是雙盤，通常有兩種坐姿：1.降魔坐：先以右腳趾押於左股上，後以左腳趾押於右股上，手亦以左居上。2.吉祥坐：先以左腳趾押於右股上，後以右腳趾押於左股上，此即以右押左，手亦以右押左。這兩種坐式需令兩足掌仰於二股之上。

傳說釋尊在菩提樹下成正覺時，身安吉祥之坐，手作降魔之印，所以如來常依此坐轉妙法輪。

據《佛說如幻三摩地無量印法門經》，觀音菩薩過去生曾經是從蓮花化生的可愛童子

　　在相續不斷的精進中，圓滿的心帶來圓滿的境界，勝威王的功德也越來越具足了。

　　有一天，勝威王在王宮中，正安住在無量印善巧法門的禪定中，忽然之間，從他的左右兩邊的脇下，竟然出生兩朵殊妙、香淨、柔軟、可愛的蓮花。

　　這兩朵蓮花，如同龍實栴檀香一般的清淨，只要任何人聞到這香味，就能去除身心上的所有纏縛障礙，使心中充滿了愉悅快樂。

　　這時，無盡的光明照耀著整座的皇宮。

　　出生了這兩朵蓮花之後，未開敷的花瓣慢慢地開展了。當蓮花完全開敷之後，竟然從蓮花當中化生了兩位雙足跏趺禪坐的童子，模樣十分的莊嚴可愛。

　　勝威王看到的這兩位從蓮花中化生的可愛童子，心中充滿著欣喜，不禁嘖嘖稱奇，如此可愛莊嚴的幼兒實在相當罕見。

　　從右脇化現的童子，自稱為寶上，即從左脇化現的童子，自稱為寶嚴，這兩位具足功德的法子，讓勝威王感到無盡的受用滿足。

　　他認為這兩位法子的出生，一定是由於佛陀加持的緣故，所以就十分欣喜的帶領著寶嚴與寶上這兩個兒子，共同前往菩提道場參訪，向師子遊戲金光王如來表達無盡的謝意。

Avalokiteśvara

観音菩薩

━━▶ 佛曆 1302

公元 758

§ 唐朝盧楞伽畫大悲菩薩
像（《宣和畫譜》卷
二）

兩位童子聽了佛陀的教誨後，從全身的毛孔湧出最微妙的微笑

　　依舊是光明巍巍的菩提道場，宛轉地流出無邊的微妙法音，在光明幸福的佛法之中，所有的煩惱纏縛都化為煙塵。

　　勝威王與寶嚴、寶上兩位童子，十分恭敬的來到佛陀跟前，一心五體投地、頭面禮足，向佛陀致上最恭敬的禮拜，接著右繞佛陀三匝，向佛陀表達了最殊勝的敬意之後，退於一旁。

　　這時，寶嚴跟寶上兩位童子，十分真誠地，雙手合掌向佛陀訊問，他們異口同聲的問道，當以何種供養才是最殊勝的供養。

　　這時師子遊戲金光王如來聽了十分地喜悅，微笑的向寶嚴與寶上二位童子說：「如果想要供養佛陀，應當體悟，能夠發起殊勝無上的菩提心，來利益一切眾生做廣大的安樂事業，這樣的供養才能夠稱為真正無上的供養。……」

　　寶嚴、寶上童子聽了佛陀的教誨之後，心中充滿了歡喜，甚至從全身的毛孔中，湧出了最微妙的歡笑；他們發起無上的菩提心供養佛陀，並向佛陀致上最深的禮敬。

　　大地忽然發出了六種震動，山河大地，甚至法界虛空，都法爾自然的發出微妙的聲音，宛如天樂鳴空一般，聽聞到這種微妙聲音的人，煩惱都消除了。天上的虹彩繽紛晃耀，飄飄的落下了無數的微妙寶花。

　　整個法界都在為勝威王以及兩位童子證明，他們的菩提心是至真無上的，畢竟永不退轉的，必將圓滿成就。

Āvalokiteśvara

觀音菩薩

➡ **佛曆** 1310

公元 766

§ 唐朝惟慤撰《首楞嚴經
疏》

西方三聖：中尊阿彌陀佛，右為觀音菩薩，左為大勢至菩薩

　　這時，金光王如來十分贊賞的注視著勝威王，及寶嚴、寶上兩位童子，用無比柔和莊嚴的妙音說他們所發起的無上菩提心是真實的，必將得到圓滿的成就。並授記勝威王將成就為阿彌陀佛，具足無量光明與無量壽命，安住在各種微妙不可思議喜樂的極樂世界，而寶嚴與寶上童將成為上首菩薩。

　　在那時，寶嚴童子將成為一位偉大的施無畏者，在十方世界勤勇的救度眾，為一切悲苦眾生的依怙者，他能善觀一切音聲來救度眾生，所以被稱為觀音菩薩。至於寶上童子則被稱為大勢至菩薩。

Āvalokiteśvara
觀音菩薩

➡️ 佛曆 1313

公元 769

§ 唐朝周七奴施士地與「千手千眼菩薩及諸雜龕像」予僧人惠峰（《金石苑》卷二所引石刻文）

§ 鎮州的自覺在蜀簡州的西山立 49 尺赤金大悲像，並造大悲寺（《宋高僧傳》卷二十六）

■ 師子國──羅剎女居住的地方

　　中國古代稱錫蘭為師子國，錫蘭位於印度半島東南海外約三十二公里的島國，梵名為 Simhala，音譯僧伽羅，意譯執師（獅）子、師子胤、師子。又稱銅掌島、楞伽島。歐洲人則稱之為錫蘭（Ceylon）。一九七二年改稱斯里蘭卡（Sri Lanka）。

據《佛說大乘莊嚴寶王經》記載：觀音菩薩過去生曾為聖馬王

03 觀音菩薩過去生之三：聖馬王的故事

　　很久遠以前，釋迦牟尼佛的過去生曾爲大商王，有一天他與五百商人前往師子國，想要以各種車乘、駝駝、牛隻等，換取財寶。

　　當他們的船到達師子國附近後，師子國中的五百羅刹女，忽然變化發起劇暴大風，鼓起大浪，讓商人的船都毀壞了。這時，五百個商人都漂墮於海中，他們拼命尋求海上的浮物，靠著浮物漂流到岸上。

　　這五百羅刹女看見這些商人到達岸上，於是紛紛變成妙齡女子的樣貌，來到商人上岸的地方，供應乾衣服給他們。這些商人換上了乾衣服，就來到樹下休息，面對目前的景況，也想不出什麼好辦法。

　　這時，那些化爲妙齡女子的羅刹女來到商人面前說到：「我們都沒有丈夫，你們可願意當我們的丈夫嗎？在這裡我們有各種飲食、衣服、庫藏、園林、浴池等，足夠讓你們衣食無虞。」就這樣，每個羅刹女便與一位商人返歸自己的家中。

　　這些羅刹女中的首領，名叫囉底迦嚩，她帶了大商主（即釋迦牟尼佛的去生之一）回到了自己的居所，以各種上妙美味的飲食，使他豐足飽滿，大商主感覺滿足與快樂無異

Avalokiteśvara

觀音菩薩

佛曆 1320

公元 776

§ 隴西節度使李太賓營造敦煌石窟的睡佛洞,並於其中作千手千眼變一鋪。圖現大悲來儀鷲嶺狀(徐松《西域水道》三所引李府君修功德碑)

■ 瞻波迦樹

瞻波樹又作瞻蔔樹,意譯為金色花樹、黃花樹。

產於印度熱帶森林及山地,樹身高大,葉面光滑,長六、七寸,葉裏粉白,並有軟毛;所生黃色香花,燦然若金,香聞數里,稱為瞻蔔花,又作金色花、黃色花。

其樹皮可分泌芳香的汁液,與葉、花等皆可製成藥材或香料。以此花所製的香,即稱為瞻蔔花香。

我們被羅剎女囚禁在鐵城裡,她們於此地日日噉食百人

大商主看到鐵城邊有一棵瞻波迦樹,便攀昇到樹上,高聲呼喊

於人間，如此和羅剎女共住了二三天，乃至於七天之後。忽然有一天，大商主看見囉底迦嚾暗自欣然而笑，心中生起疑怪之情，因為他未曾見過囉底迦嚾如此開心地笑過，於是大商主問她：「你為什麼這麼開心地笑呢？」

羅剎女回答：「此處師子國，是羅剎女所居住的地方，恐怕會傷害你的生命。」

於是商人又問：「此話怎麼說呢？」

羅剎女回答：「從此處往南方去是禁地，因為那裏有一座鐵城，上下周圍都沒有門戶，其中囚禁著無數商人，而大多數已經被羅剎女們啖食，只剩下骸骨。如果你不相信的話，可以親自去看看。」

於是，大商主就趁著羅剎女晚上惛沉睡眠時，拿著月光寶劍前往南方而去，走到鐵城周圍一看，果然沒有門，也沒有窗戶。

這時大商主看到鐵城邊有一棵瞻波迦樹，便攀昇到樹上，高聲呼喊。這時，鐵城內的商人告訴他：「賢大商主！你還不知道嗎？我們被羅剎女囚禁在鐵城裡，她們於此地日日啖食百人。」他們並告訴大商主，自己過去也是被羅剎女救起來然後被囚禁於此城。大商主了解此種情形後，急速地返回到羅剎女的住處。

這時羅剎女問大商主說：「賢大商主！我所說的鐵城，你看到了沒，現在應該老實說。」

Ā́valokiteśvara

観音菩薩

➤ 佛曆 1314～1414

公元 770～870

§ 汝州香山寺大悲塑像
（李薦《畫品》）及襄
陽天仙寺大悲畫像（李
薦《畫品》及《墨莊漫
錄》），此二像後傳為
大悲菩薩的化身所作。

■ 南贍部州

在佛教的宇宙觀中，南贍部州是須彌山四大洲的南洲，所以又稱為南閻浮提、南閻浮洲。

《長阿含》卷十八〈閻浮提洲品〉記載，其土南狹北廣，縱廣七千由旬，人面亦像此地形。

又阿耨達池的東有恆伽（殑伽）河，從牛的口出，從五百河入於東海。南有新頭（信度）河，從師子的口出，從五百河入於南海。西有婆叉（縛芻）河，從馬之口出，從五百河入於西海。北有斯陀（徙多）河，從象之口出，從五百河入於北海。

《俱舍論》卷十一記載，四大洲中，唯此洲中有金剛座，一切菩薩將登正覺，皆坐此座。

凡上所述，可知閻浮提原本係指印度，後來則指人間世界。

大商主回答說：「已經看到了。」

他於是又問羅剎女：「我如何做才能逃脫此處呢？」

這位羅剎女告訴他說：「有一大方便法，可令你安穩地離開此師子國，回到南贍部州。」

於是羅剎女告訴他：「有一位聖馬王能救度一切有情。」

於是大商主又想辦法趁著羅剎女睡眠時，前往聖馬王居住的地方，見到聖馬王正在噉食著白藥草。吃完之後，從金砂地驟已而起，振擺身毛後，問大商主說：「是什麼人想要到達對岸？」如此問了三次後，又告訴大商主：「如果想要去的人，應當自己親口說。」

於是大商主告訴聖馬王：「我想要到達彼岸。」如此說完之後，大商主又回到羅剎女的住處，繼續休息安眠。

羅剎女睡醒之後，心中生起追悔之意，就問大商主：「商主！你的身體為何這麼地冷呢？」大商主知道羅剎女心生後悔了，不願意他離開，就柔軟安慰地說，他只是去城外逛逛。

隔天一早，菩薩就約了其他的商人到城外，出城外後，大夥兒暫時停歇一處，於是商人們在交談之中，就開始比較誰的妻子最相戀慕，或是奇特的事情。

這時，大眾中有人說：「她以各種上味的飲食供給於我。」或有人說：「她以種種衣物供給於我。」或有人說：

Avalokiteśvara

觀音菩薩

➡️ **佛曆** 1335

公元 791

§ 禮部侍郎盧徵雕刻大悲
菩薩像於龍門（《八瓊
室金石補正》）

你們應當一心前進，無
論發生何事，都不要回
頭看師子國！

商人們一起祈求聖馬王帶領他們到達彼岸

「她以各種天冠、珥璫、衣服贈與給我。」或有人說：「她以種種龍麝、栴檀的香給與我。」

正當商人們熱烈的相互比較時，大商主突然感慨地說：「你們這樣是難以解脫的啊！為什麼要貪愛這些羅剎女呢？」

這些商人們一聽，心中突然一個顫抖，不禁心中生起不祥之兆，懷著怖畏顫抖的音聲說：「大商主，你說的可是真的嗎？」

於是大商主告訴他們：「你們知道嗎！這師子國中所居住的都是羅剎女，並不是人，和我們共住的美人們，實際上都是羅剎女。」

大家聽了覺得非常地恐怖，於是約好三天之後一起到聖馬王的處所，祈求聖馬王帶領他們離開師子國，到達彼岸。

三天終於到了，天才剛亮，五百位商人就全都在約定的地點集合，前往聖馬王的住處。

大家見到聖馬王，喫草驪已，振擺著身毛；這時，師子國的大地盡皆震動，於是聖馬王問：「現在什麼人想要前往彼岸呢？」而商人們也都異口同聲地回答：「我們現在想要前往彼岸。」

於是，聖馬王奮迅其身而說：「你們現在應當一心前進，無論發生任何情形，千萬都不要回頭看師子國！」聖馬王說完之後，商主乃先乘上馬王，然後五百商人接續全部昇

Āvalokiteśvara

觀音菩薩

➤ **佛曆** 1342

公元 798

§ 日本延鎮建清水寺，安
　置千手觀音木像（《清
　水寺建立記》）

化身無量的觀音菩薩

上馬背。

　　這時，羅剎女們忽然聽聞了五百商人已經逃離的消息，口中都發出了哀嚎苦切的聲音，趕忙奔馳追逐，悲啼號哭，隨後呼叫。

　　許多商人聽到了羅剎女呼喚的聲音，不禁迴首看視，不自覺地墜入海中，於是羅剎女，就紛紛現出原形，爭相取其身肉而噉食他們。到最後只有大商主一人安然回到故鄉。

　　這就是觀音菩薩過去生爲的聖馬王的故事。

Āvalokiteśvara
觀音菩薩

➡ **佛曆** 1349

　　公元 805

§ 日本最澄《台州錄》中
　載有：《梵漢兩字千臂
　陀羅尼》一卷及《梵漢
　兩字千手陀羅尼》一卷

救度六道的觀音菩薩

第三章　觀音救度六道的故事

　　眾生應以何身得救度，觀音菩薩即示現何種身相不斷施行救度、示現教化，使苦難眾生得致無限的清涼與慰藉。

　　觀音菩薩以無畏的大悲身影，在六道中示現無數的化身，救度眾生。在《法華經》中，佛陀並告知無盡意菩薩，觀音菩薩以三十二應身，以種種身形，度脫眾生。而觀音菩薩在眾生怖畏急難中，能施予無畏，所以我們娑婆世界，都稱他爲「施無畏者」。

　　其實經典中的三十二應身，只是觀音菩薩無數應化身的表徵。而這種化現，如果以六道來表達，則是化身在六道度眾的六道觀音。

　　觀音菩薩以大悲幻化的威德，在六道中度廣度眾生，直至眾生脫離苦難，成就無上菩提。所以，六道未盡，觀音菩薩在六道中，也將不斷的示現教化。

Āvalokiteśvara
觀音菩薩

➡️ **佛曆 1350**

公元 806

§ 日本空海大師的《請來
目錄》載有：《金剛頂
瑜伽千手眼觀自在念誦
法》一卷、《梵字寶部
金剛讚》一卷、《梵字
大悲真言》一卷

化阿鼻地獄為清涼地的觀音菩薩

01 化阿鼻地獄為清涼地的觀音菩薩

大阿鼻地獄是一座周圍皆是鐵皮圍成的鐵城，地上也是鐵皮所成的地獄，城的四周熾燃焚燒著無間斷的猛火。

在這個惡趣的地獄之中有大鑊湯，而湯水湧沸，而有百千俱胝那庾多的有情眾生，全部都被丟入鑊湯之中；就好像水鍋煎煮著各種豆子，在頂盛滾沸的時候，或上或下的滾動，而沒有間斷，將在其中的有情眾生滾煮得糜爛不堪，在阿鼻地獄中的有情眾生是遭受著如是的痛苦。

然而聖觀自在菩薩摩訶薩，是以何種方便進入阿鼻地獄來救度此道的眾生呢？

觀自在菩薩摩訶薩完全沒有障礙地進入大阿鼻地獄，阿鼻地獄中的一切刑苦器具，沒有一種能逼切他的身體，當菩薩進入到大阿鼻地獄時，猛火便完全滅除了，全部都化成清涼之地。

這時，地獄中的閻摩獄卒心生驚怪懷疑：這是從來未曾有過的現象，怎麼會忽然變成這樣呢？

觀自在菩薩摩訶薩進入地獄中，破壞了鑊湯，猛火完全熄滅，連大火都變成了寶池，池中還化現出大如車輪的蓮華。

這時，閻魔獄卒看見這些事情，趕緊帶著各種治罰的器

$\bar{\text{A}}$valokiteśvara

觀音菩薩

➡ 佛曆 1351

公元 807

§ 日本空海在筑紫畫大悲
曼荼羅,曼荼羅中列有
千手千眼大悲菩薩及四
攝八供養(《性靈集》
卷七)

閻魔王子觀察到觀自在菩薩,於是趕緊前往其住所

杖，如弓劍、鎚棒、弓箭、鐵輪、三股叉等，前往稟告閻魔天子，說：「大王一定能夠知曉，我們這個業報所現的地獄之地，現在不知道是什麼緣故，竟然完全都消失滅盡了？」

這時，閻魔天子驚訝地說：「你說業報所現的地獄，現在全部都消失了？」

獄卒說：「今天大阿鼻地獄忽然變成清涼，會發生這種事是因為有一位身相端正莊嚴的人，髮髻頂戴天妙的寶冠，來到了我們的地獄之中，鑊湯已經被破壞了，火坑也變成了水池，甚至池中還現出大如車輪的蓮華。」

這時，閻魔天子諦心地想著：「是從哪裡來的天人有這樣的威力呢？是大自在天、那羅延天到地獄變現這樣不可思議的境界？還是大力十頭羅剎的威神力所變化的呢？」

這時，閻魔天子以天眼通觀察天界。觀諸天界完畢，又再觀察阿鼻地獄，這時他觀察到了觀自在菩薩摩訶薩。看到這情形，閻魔天子於是趕緊前往觀自在菩薩摩訶薩的住所。到了之後以頭面禮拜菩薩雙足，發出誠實言，並以偈頌讚歎說：「

歸命蓮華王，大悲觀自在，大自在吉祥，能施有情願。
具大威神力，降伏極暴惡，暗趣為明燈，覩者皆無畏。
示現百千臂，其眼亦復然，具足十一面，智如四大海。
愛樂微妙法，為救諸有情，龜魚水族等，最上智如山，
施寶濟群生，最上大吉祥，具福智莊嚴。入於阿鼻獄，

Āvalokiteśvara
觀音菩薩

➡ 佛曆 1355

公元 811

§ 長安青龍寺立大悲陀羅
尼咒幢（《寶刻叢
編》）

觀音菩薩為了救度地獄道眾生，化現為十一面千臂觀音

變成清涼地，諸天皆供養，頂禮施無畏。說六波羅蜜，
恒燃法燈炬，法眼逾日明。端嚴妙色相，身相如金山，
妙腹深法海，眞如意相應。妙德口中現，積集三摩地，
無數百千萬，有無量快樂。端嚴最上仙，恐怖惡道中，
枷鎖得解脫，施一切無畏，眷屬眾圍遶，所願皆如意，
如獲摩尼寶。破壞餓鬼城，開爲寂靜道，救度世間病，
如蓋覆於幢。難陀跋難陀，二龍爲絡腋，手執不空索，
現無數威德，能破三界怖。金剛手藥叉，羅刹及步多，
尾多怒枳儞，及與枑畔拏，阿鉢娑麼囉，悉皆懷恐怖。
優鉢羅華眼，明主施無畏，一切煩惱等，種種皆解脫。
入於微塵數，百千三摩地，開示諸境界，一切惡道中，
皆令得解脫，成就菩薩道。」

　　這時，閻摩天子以種種讚歎、供養觀自在菩薩摩訶薩
已，旋遶了三匝，就歸還於原本的住處。

　　在閻魔天子的讚歎偈頌中，我們也可以了解，觀世音菩
薩爲救度地獄道眾生而化現爲十一面千臂觀音。

Avalokiteśvara

觀音菩薩

➡ 佛曆 1361

公元 817

§ 日僧最澄發願書寫《法
　華經》六千部，流布全
　國

觀自在菩薩進入餓鬼大城，城中忽然都轉變成清涼

02 救度餓鬼道的觀音菩薩

　　觀自在菩薩從大阿鼻地獄出來之後，又進入餓鬼大城，其中有無數百千的餓鬼，自口中噴出火焰，而火焰燒燃著自己的面目，身形體態乾枯瘦弱，頭髮蓬亂，身毛全部都直豎，腹部鼓大的像山一般，而其咽喉卻細小如針一般。

　　此時，觀自在菩薩前往餓鬼大城，城中熾燃的業火忽然完全消滅了，都轉變成清涼。

　　當時，有一個守門鬼手執熱鐵棒，外形醜惡巨大，兩眼深赤色，卻忽然發起了慈心：「我現在不能守護這種惡業的地方。」

　　這時，觀自在菩薩摩訶薩，從十指端各各流出大河，足指也各流出大河，又從一一毛孔中流出大河，城中的餓鬼們飢渴地暢飲河水。

　　就在飲用這河水的時候，餓鬼們的咽喉也隨之變為寬大了，而且都轉變為圓滿的身相，又得種種上味的殊妙飲食，身心完全得到飽滿無虞。

　　這些餓鬼獲得這樣的身心利益與安樂之後，他們的心中各各仔細思惟：「南贍部洲的人為何經常能受用這種清涼安穩快樂呢？」

　　原來他們其中有的善能常行恭敬孝養父母，或有善能惠

➡ 佛曆 1363

公元 819

§ 歸登撰長安莊嚴寺大悲
禪師塔銘

■ 八聖道

八聖道又稱八正道，指達到生命解脫、佛教最高理想境界（涅槃）的八種方法與途徑。

(1)**正見**：是對宇宙人生的正確見解，即了知一切萬象，都是因緣所生。所以實踐仁義因果，必然不墮入惡道；了解性空佛法，必能成就菩提。正見能使我們的生命沒有疑惑。

(2)**正思惟**：透過正見的了知，然後依正見來正確的思惟，並善巧的覺知生活的種種因緣，能依此來抉擇光明圓滿的人生與大覺菩提。正思惟能使我們做正確的決斷。

(3)**正語**：在語言上遠離一切的妄語、傷害，而做正確、如實、恰當的語言。正語使我們傳達正確的理念。

(4)**正業**：是正確的行為，於行為上端正、恰當，不要過當或不足，而遵循正確的中道行為來生活。正業增進我們的人生幸福。

(5)**正命**：選擇正確、如法的生活及工作。不從事殺生、作姦犯科、做惡業等行為。正業圓滿我們的人生目標。

(6)**正精進**：正確精進有二層意義：一個是選擇正確的方向精進，另一個是抉擇適合自己的方式來精進。如彈琴一樣，不能夠過緊或過鬆，才能彈出最佳的妙音。正精進使我們永保奮發增上的意志。

(7)**正念**：即念念安住於正確的心念之中。正念能使我們現觀心念，使之清淨遠離邪惡雜染，並善知身心都是無常、無我而不執著，心意柔軟，常生喜樂。

(8)**正定**：是正確的禪定方法與境界。正定使我們的身心安住，寂靜歡喜，不動如山，能成就光明圓滿。

施、遵從奉行於善知識的人，或有聰慧明理通達、常好樂大乘的人，或有善能修行實踐八聖道的人，或有善能擊法犍椎的人，或有善能修復破壞的僧伽藍的人，或有善能修復佛塔的人，或有善能修復破損塔相輪的人，或有善能供養、尊重法師的人，或有善能見如來經行處的人，或有善能看見菩薩經行處的人，或有善能見阿羅漢經行處的人，餓鬼們思惟：「原來南贍部洲的居民有如是修行的事情。」

這時，從《大乘莊嚴寶王經》中自然發出微妙音聲，這些餓鬼聽聞到這聲音，雖然有著如山峰一般高執著自身的見地，卻被宛如金剛不壞的智杵全部破壞無餘，而得以往生極樂世界，而且全部都為菩薩階位，他們的共同名稱是隨意口菩薩。

這是觀音菩薩救度餓鬼的故事。

Āvalokiteśvara

觀音菩薩

➤ 佛曆 1369

公元 825

§ 蜀人古全畫千手千眼菩

薩大悲變相於成都大聖

慈寺文殊閣東畔（《益

州名畫錄》妙格）

化現婆羅門度化天子的觀音菩薩

03 化現婆羅門度化天子的觀音菩薩

　　有一次，觀自在菩薩摩訶薩猶如火焰一般上昇虛空，前往天宮。菩薩到達天宮之後，化現成婆羅門身。

　　當時在天眾中，有一位天子名為妙嚴耳，經常因貧窮而遭受諸多苦報。這時，觀自在菩薩便化現為婆羅門身前去拜訪他。到了天子的住所，婆羅門告訴天子：「我又飢餓、又口渴！」這時，天子不禁垂淚而告訴婆羅門說：「現在我很貧匱，沒有物資可以布施於你。」

　　婆羅門就說：「我真的又飢又渴，請你一定要布施給我，即使一點點也無妨。」天子奈何不了他，只好進入宮中，搜尋自己的一切所有，忽然看見宮內有很多大寶器，都已盛滿著奇異珍寶，有的寶器盛滿了上味的飲食，又有各種莊嚴上妙的衣服盈滿宮中。

　　這時，天子心理想著：「這位婆羅門，一定是位不可思議的人，能夠使我得到如此殊勝的福報。」於是他就迎請這位大婆羅門進入宮中，並奉上天上的妙寶及天宮中種種上味飲食來供養。

　　婆羅門受供養完，就說：「祈願施主安樂長壽。」

　　這時，天子就問婆羅門說：「賢者！您是從什麼地方來到此地呢？」

Āvalokiteśvara

觀音菩薩

➤ 佛曆 1357～1415

公元 813～871

§ 增忍信仰大悲，在朔方
賀蘭山畫大悲功德三
軸，著《大悲論》六卷
（《宋高僧傳》卷二十
六）

天子以微妙寶物供養菩薩

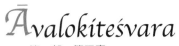
　　婆羅門回答：「我從祇陀樹林大精舍中來的。」

　　天子又問：「那是什麼樣的地方呢？」

　　婆羅門說：「祇陀林精舍中，大地清淨，出現天摩尼寶等莊嚴劫樹，又出現種種適意摩尼的寶珠，又示現種種寶池，又有戒德威嚴、具足大智慧的無數大眾，經常出現在其中，那世界有位佛陀，名號為尾舍淨如來。

　　這時，天子又問：「賢者，您這位大婆羅門應該誠諦地說，您是天人還是人？賢者！為什麼您的到來會出現這種種的祥瑞之相呢？」

　　婆羅門告訴他：「我不是天，也不是人，我是菩薩，為了救度一切有情眾生，使眾生得以親見廣大的菩提之道而來。」

　　天子聽了之後，即以天上微妙寶冠、莊嚴珥璫供養菩薩，並說偈頌：「我遇功德地，遠離諸罪垢，如今種勝田，現獲於果報。」

　　就在天子說偈頌之時，婆羅門度化天子的事情完畢，就走出天宮前往師子國了。

Avalokiteśvara
觀音菩薩

➡️ **佛曆** 1373

公元 829

§ 清晃等人於姑蘇法華經
院石壁雕刻《法華經》、
《維摩經》、《金剛經》、
《尊勝陀羅尼經》、《阿
彌陀經》、《觀普賢經》、
《實相法密經》、《般若
心經》

■ 四聖諦

　　四諦指苦、集、滅、道四種正確無誤的真理。又此四者為聖者所知見，故稱四聖諦。四諦大體上乃佛教用以解釋宇宙現象的「十二緣起說」的歸納，為原始佛教教義的大綱，乃是釋尊最初的轉法輪所宣說的法。

　　據經中所說四諦之義，即：(1)苦諦，苦，泛指逼迫身心苦性的狀態。苦諦即關於生死實是苦的真諦。(2)集諦，集，是招聚之義。集諦即關於世間人生諸苦之生起及其根源的真諦。

　　(3)滅諦，滅，即寂滅；滅諦即關於滅盡苦、集的真諦。(4)道諦，道，能通之義。道諦即關於八正道的真諦。

　　四諦係佛陀成道之後，於鹿野苑為五比丘初轉法輪之說，為佛教中的基本教義。

教化羅剎女的觀世音菩薩

04 教化羅剎女的觀音菩薩

　　觀音菩薩到了師子國，進入羅剎女的國度。菩薩英挺偉岸的身貌，站在諸羅剎女前。由於菩薩所示現的相貌端正莊嚴，非常的罕見，羅剎女們見到菩薩的容貌資質，不禁生起了慾愛的心，懷著欣慕之意，移動腳步親近菩薩，並告訴他說：「你可以當我的丈夫，我仍是童女，今天你既然來到此地，就不要再去到別處了……，我這裏有飲食、衣服、庫藏豐盈，也有適意的果園、悅意的水池。」

　　菩薩告訴羅剎女說：「請你先聽我說。」羅剎女說：「我很願意聽聞，您的旨諭是什麼呢？」

　　菩薩言：「現在我要為你講說八正道法以及四聖諦法。」

　　此時，羅剎女聽聞這個法門之後，都各各獲得聖果。有得預流果者，或得一來果者，貪心、瞋恚、愚癡等苦都沒有了，也不生起邪惡的心，沒有殺害生命的意念，心中只有樂於法要，樂於安住在淨戒之中，並各自說：「我們從今以後，都不再殺生了，如同南贍部洲奉守戒律的人一樣，清淨飲食，就是如此過著生活，從今開始，我也是如此自活性命。」於是這些羅剎女不再造作惡業，受持學處。

Āvalokiteśvara
觀音菩薩

§ 有梵僧朝普陀山，傳說
在潮音洞前目睹觀音示
現（普陀山志）

§ 日本圓仁《將來目錄》
載有：金剛智《千手千
眼大悲心陀羅尼咒本》
一卷、《千手千眼大悲
心大陀羅尼神妙章句》
一卷、不空《千手千眼
菩薩修行儀軌經》一
卷、《千手千眼根本真
言釋》一卷及《梵字經
中漢字對注千手陀羅
尼》一卷

■ 金剛喻定

指能破除一切煩惱的禪定。如同金剛一般堅利，能摧斷一切的智慧禪
定。又稱金剛三昧，金剛心。

千手觀音像

第四章　觀音菩薩的淨土世界

菩薩依圓滿眾生成佛願與莊嚴諸佛淨土願，來建立清淨的佛土。

菩薩依據二個根本大願來建立淨土：一是圓滿眾生成佛，一是莊嚴諸佛淨土。而每位菩薩牽涉到其本身的特質，及其所處因緣的不同，雖有不同的實踐過程，但其行持仍然不脫出這兩個根本大願，其最終目的仍是建立清淨的佛土。

菩薩淨土的層次，可以「四土」來談，四土是指四種佛土，分別是：凡聖同居土、方便有餘土、實報無障礙土、常寂光土，這是以淨土內所居住的眾生而作的區別。

菩薩淨土的層次，視其境界而定。若是等覺菩薩或是果地倒駕慈航的菩薩，這些大菩薩眾雖然沒有真實的四土（因常寂光土不具足），但是因其已趣入金剛喻定的前分，所以一般而言，我們仍假名安立有常寂光土，只是不能說其已經身土圓滿。

然而我們可以說菩薩已具足實報莊嚴土，因為他可以教化大地菩薩。方便有餘土和凡聖同居土也可以有，但不一定有，視其願力而定。有些菩薩淨土若有攝受凡聖同居土，就

Āvalokiteśvara

觀音菩薩

佛曆 1393

公元 849

§ 日本國分寺、定額寺誦
經禮拜觀音菩薩，以祈
求除疫

觀音像

會出現一些凡聖同時示現於此土。就像密教壇城，有所謂內壇和外壇，如觀音菩薩的眷屬二十八部眾，如果以此觀點來了解，這也是凡聖同居土，因為二十八部眾裡有很多護法、天人、仙人。

然而這並不表示凡聖同居土的菩薩階位比示現實報莊嚴土者低，藉由以下的說明可了解，如：觀音菩薩的本地應是在極樂世界，但就極樂世界的國土而言，當觀音菩薩繼阿彌陀佛之後成為極樂淨土的法王，它是未來觀音淨土中最完備的淨土：眾寶普及莊嚴世界，將來會四土具足。

和觀音在娑婆世界的普陀山淨土比較起來，普陀山是為化土，就像一個行宮一樣。不似極樂世界功能圓滿，大量攝受眾生。相較之下，普陀山就只是一個化區，就如同駐外地的大使館，雖然大使館是代表國家，但終究是一個化現之地。所以境界、功能上比本國小。

然而就往生的境界而言，卻沒有絕對的關係，因有些人往生到極樂世界，也可能是到凡聖同居土，只是稱念彌陀、觀音，一切功德迴向往生極樂所至；有些往生普陀山者，則是屬於大力菩薩，其等級就像大使館的官員，階位也許比本國官員高很多。

修持境界高者可選擇往生本國，也可往生化土，都是依其願力而定。如果與觀音有緣，又和娑婆世界有緣，就可能往生普陀山淨土；如果厭棄娑婆，則可能往生極樂世界。

Avalokiteśvara

觀音菩薩

➤ 佛曆 1399

公元 855

§ 真忍令畫工描大悲像，

有奇瑞（《宋高僧傳》

卷二十六）

觀音菩薩的人間淨土：普陀山

108

　　觀音菩薩的淨土廣義而言，包括過去正法明如來淨土、未來眾寶普及莊嚴世界、現在的補陀洛山（普陀山、布達拉宮）、極樂世界、毛孔淨土等。其實，就體性上來講，它們是過去、現在、未來三世一如，都是法界體性中自然的現起。

　　此外，正法明如來的淨土是古佛的淨土，在《千手千眼大悲陀羅尼經》中，佛陀道出觀音菩薩在過去無量劫中，已經成佛，名號爲正法明如來。因此，依理而言，正法明如來的淨土，也可以說是觀音菩薩過去成佛時的佛國淨土。

　　就一個大修行人而言，時空是如幻的，所以他可趣入觀音菩薩久遠成就的正法明如來的佛土，因爲十方三世同時展現。基本上我們介紹出來，但卻不需刻意往生彼土，在緣起上沒有這個意義。

　　而觀音菩薩毛孔中的世界牽涉到深刻的禪觀、修證，是諸佛菩薩的大遊戲，這和《華嚴經》〈十定品〉中普賢菩薩法界藏身，及諸佛毛孔中有無量無數佛世界的意義是一樣的。我們如果與觀音菩薩有緣，入於相應三昧，即可入於此淨土。這種淨土的意義就和一般所言的淨土比較不同。有些人喜歡住於大遊戲三昧中，可以如是往生，這是諸佛菩薩的幻化遊戲。

Avalokiteśvara
觀音菩薩

➡ **佛曆 1402**

公元 858

§ 日本圓珍的《將來目
錄》載有：「金剛智
《千手千眼大悲心陀羅
尼咒本》一卷及不空
《千手千眼念誦法》一
卷

觀音的本地：西方極樂淨土世界

01 西方淨土世界

觀音菩薩的本地——極樂世界

　　從娑婆世界的西方距離十萬億佛土是西方極樂淨土世界的所在，此土是觀音菩薩的本地，淨土中的教主為阿彌陀佛，而觀音菩薩與大勢至菩薩正是阿彌陀佛的兩大脇士。

　　我們從觀音菩薩的過去生因緣可以了解：由於觀音菩薩與阿彌陀佛於過去世或為父子關係，一起修學佛法，願行菩薩道，因此在阿彌陀佛成就圓滿淨土時，觀音菩薩便為阿彌陀佛身旁的二大菩薩之一，協助阿彌陀佛的度生事業。

　　因此，勸發娑婆世界的眾生於臨終時往生西方極樂世界，亦成為觀音菩薩的願力。所以，往生極樂世界時，我們除了可以得到阿彌陀佛的接引外，觀音菩薩亦會持著蓮台來接引往生者。

　　甚至稱念觀音菩薩名號，意欲往生西方極樂世界的人，也可以依願往生，這也是觀音的形象多以持蓮台為主的理由之一了。

　　而且在密教中，觀音菩薩與阿彌陀佛原本只是因果的差別，追究探尋其本覺即是無量壽佛，但因本願的緣故而示現為大悲菩薩形。所以在許多關於觀音的經典中多是勸發、教

Āvalokiteśvara

観音菩薩

杞州富麻寺絲通大曼荼羅百分之一圖

選擇極樂世界與觀音菩薩相會，匯入觀音願大悲海中

化眾生往生安樂的極樂世界，而不主張提倡己身的淨土，這是依因緣的緣故，是菩薩在極樂淨土中最恰當適機的合宜機緣的合宜化現。

　　所以我們想要親近觀音菩薩，也可以選擇在極樂世界中與菩薩相會，領受菩薩的教化，匯入西方淨土的觀音大悲願海中。

眾寶普集莊嚴世界

　　根據《觀世音菩薩授記經》上所說，在西方極樂世界阿彌陀佛涅槃後，正法滅時，過中夜分，觀音菩薩即成就正等正覺，名號即是遍一切光明功德山王如來或稱為普光功德山王如來，而其淨土世界則名為：眾寶普集莊嚴或是一切珍寶所成就世界，這就是未來觀世音菩薩的淨土世界。

　　這是觀音菩薩成就佛果所圓滿的淨土，如果我們想隨學於觀音菩薩，常行大悲，將來也可以發願前往這個世界。

Avalokiteśvara

觀音菩薩

➤ 佛曆 1415

　 公元 871

§ 比丘洪惟所建京兆臥龍
　 寺幢上有〈千手千眼觀
　 世音菩薩廣大圓滿無礙
　 大悲心陀羅尼〉（《金
　 石萃編》卷六十七）

普賢菩薩於觀音的毛孔世界遊歷了十二年

02 毛孔淨土世界

　　普賢菩薩曾經入於觀音菩薩的身毛孔世界中遊歷了十二年，仍然找不到邊際，而且在他的每一毛孔之中都各有百位佛陀居住其中，這樣的毛孔淨土世界，即是觀音菩薩殊勝的身土。

　　在《大乘莊嚴寶王經》中，觀音菩薩入於阿鼻地獄之中，救度一切受大苦惱的諸有情眾生時，地獄放射出大光明，因為這樣的因緣，佛陀說明了菩薩的種種殊勝威德，不可思議的方便之力，其中尤以觀自在菩薩身毛孔的淨土世界，其功德最為殊勝。

　　在觀音菩薩的各各毛孔世界中，此中的世界不但沒有邊際，而且如同虛空界沒有障礙。

　　經中佛言：「善男子！彼菩薩身而有毛孔名灑甘露，於是毛孔之中有無數百千萬俱胝那庾多天人，止住其中，有證初地、二地乃至有證十地菩薩摩訶薩位者。」這是描寫其中居住的有情眾生，而其自然環境是：有六十金銀寶山，其一一山高六萬踰繕那，大九萬九千峰，以天妙金寶周遍莊嚴，一生補處菩薩於彼而住。

　　又有音樂恆常地演奏，以天摩尼妙金寶周遍莊嚴的無量宮殿，可以令看見的眾生安適舒服，而且宮殿中各有菩薩宣

Avalokiteśvara
观音菩薩

▶ 佛曆 1291～1423

公元 847～879

§ 成都聖慈寺修築大悲
　院，聖壽寺修築大悲
　院。范瓊繪大悲變相於
　聖慈寺，繪大悲像於聖
　興寺大殿（《益州名畫
　錄》神格）

■ 慈心三摩地

慈心三摩地，亦即是慈心觀、慈心三昧，「慈」是予樂，慈心三摩地是帶給自己、他人快樂，給予一切眾生突竟廣大安樂，現觀眾生安樂的境界。

種種不可思議的毛孔世界，都是觀音菩薩所化現的

116

說殊勝微妙法。宮殿外又有水池，八功德水在其中，並有蓮花生長於其中，天金銀為葉，樹上嚴飾著各種珍寶。生活在其中的菩薩都依此聞法思惟，入於慈心三摩地。這是觀音菩薩「灑甘露毛孔淨土世界」的情形。

另外還有其它的毛孔淨土，如金剛面毛孔、日光明毛孔、帝釋王毛孔、大藥毛孔、續畫王毛孔、幡王毛孔淨土等等毛孔淨土。

其中續畫王毛孔中是：「中有無數百千萬俱胝那庾多緣覺眾，現火焰光，於彼毛孔有百千萬山王，彼諸山王七寶莊嚴，復有種種劫樹金銀為葉，無數百寶種種莊嚴，上懸寶冠珥璫衣服種種瓔珞，懸諸寶鈴憍尸迦衣，復有金銀寶鈴震響丁丁，如是劫樹充滿山中，無數緣覺於彼而往，常說契經應頌記諷頌譬喻、本生、方廣希法，議論如是之法。」

種種不可思議的毛孔世界，個個都是觀自在菩薩依無相所化現的大身，無得而具有不可思議變化救度眾生的大威力。

Āvalokiteśvara
觀音菩薩

➤ 佛曆 1419

公元 875

§ 蜀資州北巖，行東川鎮
  將張係彫刻大悲龕像
  （藝風堂《金石文字
  目》六〈著錄碑〉）

觀音補陀洛山淨土圖（敦煌 332 窟）

03 人間的觀音淨土

在釋迦牟尼佛的時代，觀音菩薩在娑婆世界已有聖地道場的存在，這個聖地稱為補陀洛山，補陀落山位於印度南方，釋迦牟尼佛曾經在補陀洛山的宮殿講經說法，並與觀音菩薩相互搭配教化眾生，有些經典就是在此地宣說的，所以補陀洛山可以說是人間的觀音道場、觀音淨土。

但是由於觀音菩薩普門示現的悲願，生於印度之外的佛教徒，雖然遠離觀音菩薩在娑婆世界的補陀洛山淨土，但依然能夠蒙受菩薩大悲雨潤，見到菩薩種種應化妙跡。

因為這樣的緣故，除了印度外，其它地方自古以來亦有以「補陀洛」為名的觀音道場出現，為當地居民所崇仰，據說共有七處：印度南方錫蘭的普陀山、中國東南海外的普陀山（「普陀」之音取自「補陀洛」）、西藏的拉薩布達拉宮、中國熱河承德的補陀洛寺、朝鮮的洛山、日本紀伊的補陀洛、下野的日光。以下我們引舉印度、中國與西藏等地來作說明：

印度的補陀洛山

在《華嚴經》上開始記述有關觀音思想的根據的是：當善財童子在南方遊行訪問之際，觀音菩薩住在補陀洛山，對

Āvalokiteśvara

觀音菩薩

補陀洛山為觀音菩薩的淨土世界

環繞的無量菩薩說法。由此可知補陀洛山在釋迦牟尼佛的時代，已成為清淨的聖地。

當善財童子往詣補陀洛山觀音道場時，曾對此地有些具體的描寫：「……於此南方有山，名補恆洛迦，彼有菩薩有名觀自在。汝詣彼問菩云何學菩薩行，修菩薩道，即說頌曰：海上有山多聖賢，眾寶所成極清淨，華果樹林皆遍滿，泉流池沼悉具足，勇猛丈夫觀自在，為利眾生住此山……」

我們透過善財童子的眼睛看到補陀洛山觀音道場的景緻：西面有巖谷，巖谷之中有泉流相縈映，樹木蒼鬱翠綠濃密，草地柔軟芬芳，而且以右旋的方式佈滿地面。觀自在菩薩在金剛寶石上結跏趺坐，有無量菩薩眷屬恭敬圍繞其旁，聽聞著菩薩宣說大慈悲法門，這真是一個法雨滋潤的淨土道場。

關於此聖地的確切位置，在不同經書中各有不同的說法。華嚴新舊譯兩經都記有「於此南方有山」，新《華嚴經》更附加有「海上有山」一句話，由此推論大概為印度南邊小島較正確。

《大悲心陀羅尼》有「歸命供奉海島香山聖觀世音菩薩」。《陀羅尼集經》第二的夾註也有「補陀洛迦山，此處名海島」，因而對自古以來所稱補陀洛乃南印度海岸一個小島，有更深一層的了解。

玄奘大師的《大唐西域記》，他旅行途中目擊的實地景

Avalokiteśvara

觀音菩薩

➡ 佛曆 1423

公元 879

§ 孤子宋某所建牛頭寺經
幢上載有：《聖千手千
眼觀世音自在菩薩摩訶
薩廣大圓滿無障礙大悲
心陀羅尼真言》（《金
石萃編》卷六十七）。

§ 皇甫賓的經幢亦載有：
《佛說千手千眼觀世音
菩薩無礙大悲陀羅尼神
咒》

古志中普陀山的十二景圖（一）

象記載如下：秣羅矩吒南方海濱有座秣剌耶山，秣剌耶（Malaya）山東方有座布呾洛迦（Potalaka）山，此山山徑危險，巖谷崎嶮，山頂有池，其水澄清如鏡，有大河繞山周流二十币，流入南海。池旁有石天宮，觀自在菩薩往來遊息。能發願者，如見菩薩，不顧身命，涉水登山，忘其險難，到此山者甚尠。惟山下居士，若虔心祈求瞻視菩薩，則菩薩或現自天身，或現塗灰外道身，慰喻此人，得遂其願。

這是唐代時印度補陀洛山的情形（玄奘使用的是「布呾洛迦山」）：在巖谷崎嶮的山頂旁有菩薩化現的跡息，並有大河流圍繞著山邊流入南海，頗符合海（水）中之島（山），以及「南海觀音」之稱。

根據玄奘這個說法，補陀洛是南印度哥摩林（Comorin）岬附近，秣剌耶山東方一座巖谷崎傾的山。

補陀洛山作為觀音菩薩淨土的聖地，久遠以來即為印度國內外人們所崇拜。根據達拉那達的「印度佛教史」，公元五世紀末在南印度鼓吹因明學的陳那，及公元 610 年左右即位平定五印（東、西、南、北、中五區）的戒日王時代，傳聞許多僧俗男女盛行登山，對觀世音菩薩祈願，頗多靈驗事蹟。因此補陀洛山自古以來就是個著名的觀音聖地。

中國的普陀山

中國有所謂四大名山，是四位大菩薩應跡的四個淨土，

Avalokiteśvara
觀音菩薩

佛曆 1408～1485

公元 864～941

§ 朔方的樂僧道舟常念大
悲咒，在賀蘭山中感化
羌胡，刺血畫大悲千手
千眼立像（《宋高僧
傳》卷二十三）

古志中普陀山的十二景圖（二）

分別是五台山、峨嵋山、普陀山、九華山，其中浙江省定海縣東海外舟山群島的島嶼之一：普陀山，即是觀音菩薩的娑婆世界爲了應化中土有緣眾生，所示現的淨土。普陀山有關於觀音菩薩靈驗的應化事跡多得不勝枚舉。

唐朝以前相傳有梅福，葛洪寄隱修道，所以又稱此山爲梅岑山。唐大中年間（公元847～860），有一印度僧至此自焚十指，而親眼目睹觀音菩薩現身說法，授以七色寶石，遂傳此地爲觀音顯聖地。

五代以後淨貞明二年（公元916）一位日本和尚慧鍔來到中國來，在五台山偷了一尊觀音菩薩的像，欲乘船由東海回日本，卻在普陀山這個地方被風浪困住，甚至船欲行走時海中生出鐵蓮花阻斷前途，使日本僧人的船動彈不得，後來不得不將觀音像留在附近的島嶼山上，即今日的普陀山上，成了「不肯去觀音」。

山上也建了一座不肯去觀音院，從此普陀山上供奉觀音的寺院愈來愈多，各種菩薩的示現感應也愈來愈多，聲名遠播，而成爲觀音的淨土道場。

南宋以來，歷朝布施財物頗多，寶寺林立，僧徒日眾，成大道場。古來祈求航海安全的例子也很頻繁，朝拜亦甚爲盛行。

普陀山上目前的寺院庵堂多供觀世音菩薩像，其中有：聖觀音、毗盧觀音、海島觀音、千手觀音、十一面觀音、數

Avalokiteśvara
觀音菩薩

➡️ **佛曆** 1426

　　公元 882

§ 道舟斷左肱於靈武城南

　　增忍的念定塔下，並焚

　　此臂用以供養大悲像

古志中普陀山的十二景圖（三）

珠手觀音、水月觀音、楊枝觀音、白衣觀音、紫竹觀音等十多種。

西藏的布達拉宮

西藏的拉薩有座紅山，相傳是觀音的本尊所在，所以西藏人在此建立觀音菩薩的道場，寺城廣及山的一半。並取了與印度本處同音的名字「布達拉」，布達拉即梵語補陀洛的音變而來。

布達拉（potalaka, potala）即為普陀山之義，意為脫離苦海之舟。虔誠的佛教徒認為，雄偉的布達拉宮堪能媲美觀世音菩薩的聖地普陀山，而且是觀音菩薩的化身松贊干布王所建，無疑地它就成為令人仰慕的普陀山。

而西藏佛教的領袖達賴喇嘛被認為是千手觀音的化身，居住於布達拉宮，因此，布達拉宮更形成在西藏名符其實的觀音道場。

布達拉宮被稱為觀音的淨土道場，當然具有極多觀音菩薩的化現示跡，或隱或顯，以觀世音菩薩與此地因緣深厚的緣故，也因此傳承感應之力相應於菩薩，相互映攝，所以在此淨土道場中應該更能體受觀音菩薩的大悲心行，就如同親見菩薩，親受菩薩教化一般。

相傳七世紀時，吐番贊普棄宗弄贊（松贊干布）與唐朝聯姻，為了迎娶文成公主，所以於此地首先建立宮室，後世

Avalokiteśvara
觀音菩薩

➡ 佛曆 1425～1428

公元 881～884

§ 張南本畫大悲變相於成
都大聖慈寺華嚴閣東
畔，又繪大悲菩薩像於
該寺興善院（《益州名
畫錄》妙格）

布達拉宮是西藏的觀音道場

屢有修護建築。十七世紀中葉，達賴五世受清朝冊封，其總管第巴桑結嘉錯予以重修並擴建，歷時五十年，才有今日的規模。

目前布達拉宮的寺內僧徒多達二萬五千人以上，大小樓房數千間，目前不但是西藏最大的佛寺，也是世界最大的佛寺。此處爲歷代達賴喇嘛的冬宮和坐床之處，亦爲西藏政教合一的統治中心。自從達賴五世索南嘉措起，凡是重大的宗教或是政治儀式都在布達拉宮舉行。

布達拉宮氣勢磅礴，莊嚴雄偉，與周遭的自然環境，混然溶爲一體，其外觀共十三層，最高達 115.4 米，是西藏現存最大的古代高層建築。

布達拉宮建築屋頂四周各角豎立著寶塔似的屋脊寶瓶（ganjira），這是藏傳佛教寺院建築上不可缺失的佛法象徵物，與柳圍牆、幢、蘂、祥麟法輪和命命鳥和金瓦頂一起金光燦燦，益增布達拉宮的輝煌燦爛。

另外，布達拉宮建築上隨處可見的大鵬、鶴、蛇、八寶塔、麒麟、龍、永恒吉祥連等圖案繪畫雕刻藝術，是趨吉避凶的象徵。

宮內畫棟彫樑金碧輝煌，四壁塑有色彩明麗之人、龍、鳳、鶴、獅等浮彫，極具藝術價值。其內的規模有宮殿、佛堂、習經室、寢宮、靈塔殿、庭院等。寺內的佛像數以萬計，往來參拜者多以觀音爲最聖的本尊。

Avalokiteśvara
觀音菩薩

➤ 佛曆 1437

公元 893

§ 僧承徽記隆州報恩寺大
悲堂修築碑（《輿地碑
記目》）

布達拉宮

歷代達賴喇嘛靈塔有八座座落於此，塔身皆以金銀包裹，寶玉鑲嵌，金光晃耀，輝煌壯觀。宮內並藏存有大量珍貴文物，如明、清兩代皇帝封賜官員的詔敕、封誥、印鑑、禮品，以及各種罕見的經文典籍、佛像等。

如何往生觀音淨土

以上是觀音菩薩的人間淨土介紹，其實很多菩薩淨土因為經典上資料很少，至於往生條件的記載並不明顯，但基本上只要與其同願同行就可往生。誠信彼淨土的主尊、淨土，發願往生彼土，與其同心同願，行持念佛三昧，憶念菩薩的身、口、意，與其同行，了知其智慧，則可現行現生。

我們如果以嚮往觀音淨土，則可依其願往生其淨土，實踐觀音菩薩的行持，與菩薩契合，則可在臨終時選擇相應的觀音淨土往生其中。

第二部

祈請觀音菩薩
的守護

代表諸佛菩提心的觀音菩薩，他宛如
慈母一般幫助所有眾生度過最深刻的
苦難，走過生命中的黑暗

Āvalokiteśvara

觀音菩薩

➤ 佛曆 1404～1451

公元 860～907

§ 聖行沙門三昧蘇嚩羅譯
出《千光眼觀自在菩薩
祕密法經》一卷

當我們一心稱念觀音菩薩的名號，觀音即聞聲救苦，給予無畏的濟度

第一章 如何祈請觀音的守護

　　若有無量百千萬億眾生受諸苦惱，聞是觀世音菩薩，一心稱名，觀世音菩薩即觀其音聲，皆得解脫。

　　　　　　　　　　　　～《法華經》〈普門品〉

　　觀音菩薩以大悲的心力，被稱為大悲者；也以聞聲救度，而名為觀世音；更以能施眾生無畏，而稱為施無畏者。因此，當我們一心憶念觀音菩薩的大悲，即與他的心願相應，一心稱念他的名號，他即聞聲救苦，施予無畏的濟度。

　　因此，要祈請觀音菩薩的守護，基本上不需要任何條件，因為菩薩的救度是普門救度，普攝一切眾生，只要一心持念，必定能得到廣大的救度。

　　當然，如果能一心憶念，並與他的大悲心相應，並修持他的大悲法門，所獲得的濟度，必然更加不可思議了。在此處，就將祈請觀音守護的方法，用淺顯而深入，簡單而深刻的方法，向大眾介紹。

Āvalokiteśvara

觀音菩薩

➤ 佛曆 1404～1504

公元 860～960

§ 敦煌出土的佛畫及千佛
洞中的壁畫多有大悲菩
薩像。主要的研究著述
有二十餘種。

§ 高昌及吐魯番出土的佛
畫及伯茲克里克的壁畫
中也有大悲像

平時奉行菩薩的教導，能常得觀音菩薩的加持

01 每日修持觀音菩薩的方法

　　我們可以在每日晨起後，或任何合宜的時間，選擇一個安靜的處所，以清淨的身心，練習與觀音菩薩相應的方法。

　　首先，我們可蒐集觀音菩薩的各種身相莊嚴法相，然後選擇自己最喜愛、相應的法相。如果家中有佛堂，則恭置於案桌上，以鮮花、水果、香、燈等物供養，或簡單以淨水供養，焚點上好沉香或香品供養觀音菩薩。

　　1.恭奉莊嚴法相後，合掌恭敬禮拜觀音菩薩。

　　2.清楚觀察觀音菩薩，並思惟觀音菩薩的廣大慈悲，其廣大救度的種種殊勝功德，然後將其莊嚴身相及巍巍功德都清晰的烙印於心中。

　　3.想像觀音菩薩的心中，放射出無盡無量的光明，光明注照著我們，將我們一切的障礙、煩惱、苦惱、迷惑、無知、無明等等，全部都在觀音菩薩的慈悲光明中消融。頓時，我們的身體、語言、心意都清淨了，慈悲、智慧、福德自然地在我們心中不斷的增長。我們就安住在無盡的光明之中。

　　4.接著我們誦持「南無觀世音菩薩」或觀音菩薩的真言：梵音「唵（oṃ）麼（ma）呢（ni）鉢納銘（padme）吽（hūm）」或藏音「唵嘛呢叭昧吽」至少一百八遍以上，愈

Avalokiteśvara

觀音菩薩

➡️ **佛曆** 1460

公元 916

§ 日僧慧鍔自五台山請觀
音像回國，途經蓮花
洋，因風受阻，奉佛登
岸，在山民張氏室內供
奉觀音像，俗稱「不肯
去觀音」（普陀山志）

一心持念觀音名號，必能得到廣大的救度

多愈好，功德利益不可思議。

　　5.接著將修法功德迴向法界眾生成就無上菩提。

Āvalokiteśvara

觀音菩薩

■ 大悲咒

➡ 佛曆 1474

公元 930

§ 日本重明親王為天皇的
疾病祈求長谷觀音

1 namo ratna - trayāya　2 nama āryā -　3 valokite - śvarāya
南無 喝囉怛那 哆囉夜耶　南無 阿唎耶　婆盧羯帝 爍鉢囉耶

4 bodhi-sattvāya　5 mahā-sattvāya　6 mahā-kāruṇikāya
菩提 薩埵婆耶　摩訶 薩埵婆耶　摩訶 迦盧尼迦耶

7 oṃ　8 sarva - raviye　9 sudhanadasya　10 namas - kṛtvā
唵　薩皤 囉罰曳　數怛那怛寫　南無悉 吉栗多

imam āryā - valokite - śvara　11 raṃdhava
伊蒙 阿唎耶 婆盧吉帝 室佛囉 楞馱婆

12 namo narakindi　13 hrīḥ mahā - vat - svāme
南無 那囉謹墀 醯利 摩訶 皤哆 沙咩

14 sarva - arthato - śubhaṃ　15 ajeyaṃ　16 sarva sat nama vaṣaṭ
薩婆 阿他豆 輸朋　阿逝孕　薩婆 薩哆 那摩 婆薩哆

namo vāka　17 mavitato　18 tadyathā　19 oṃ avaloki　20 lokate
南摩 婆伽　摩罰特豆　怛姪他　唵 阿婆盧醯　盧迦帝

21 krate　22 e hrīḥ　23 mahā - bodhisattva　24 sarva sarva
迦羅帝　夷 醯唎　摩訶 菩提薩埵　薩婆 薩婆

02 持誦觀音咒語的方法

　　眞言咒語在密教的修法中居於重要的核心地位，持誦眞言咒語，能使我們身心統一，完整受持諸佛、菩薩本尊無量的密義，體悟一切本尊的心要，照破煩惱迷暗，消除一切災障過患。

　　就密教修持的力量而言，在修持過程中，若能將身、語、意三密與本尊相應來修行，這力量是最大的；如果不能如此，至少語密與意密要相應，否則心不相應，徒然口誦咒語，是沒有多大作用的。

　　就另一觀點而言，我們修持咒語時，必須了知一切語言音聲是聲空如幻的，這是修持一切咒語之根本心要。若不能了知一切聲空如幻，而執著咒語這語音時，一開始就與佛法相違了。再者，語密——咒語會產生許多神秘的威力，我們對這些神通現象本身亦須有如幻的現觀。如果沒有起如幻現觀，只是執著這些神通現象，則又落入外道去了。

1.大悲咒

大悲咒的來源

　　大悲咒的來源是出自《大悲心陀羅尼經》，其全名是《千手千眼觀世音菩薩大悲心陀羅尼》。觀世音菩薩在此經

Āvalokiteśvara

觀音菩薩

佛曆 1483

公元 939

§ 道翌造觀音像，置於杭州天竺山

25 mala 摩囉　mala 摩囉　26 mahima 摩醯摩　hṛdayaṃ 醯唎馱孕　27 kuru 俱盧　kuru 俱盧　karmaṃ 羯蒙

28 dhuru 度盧　dhuru 度盧　vijayate 罰門耶帝　29 mahā - 摩訶　vijayate 罰闍耶帝　30 dhara 陀囉　dhara 陀囉

31 dhṛnī - 地唎尼　32 śvarāya 室佛囉耶　33 cala 遮囉　cala 遮囉　34 mama 麼麼　vimala 罰摩囉　35 muktele 穆帝隸

36 ehi 伊醯　ehi 伊醯　37 śina 室那　śina 室那　38 ārṣaṃ 阿囉參　prasari 佛囉舍利　39 viśva 罰沙　viśvaṃ 罰嘇

40 prasaya 佛囉舍耶　41 hulu 呼盧　hulu 呼盧　mara 摩囉　42 hulu 呼盧　hulu 呼盧　hrīḥ 醯利　43 sara 娑囉　sara 娑囉

44 siri 悉唎　siri 悉唎　45 suru 蘇嚧　suru 蘇嚧　46 bodhiya 菩提夜　bodhiya 菩提夜　47 bodhaya 菩馱夜　bodhaya 菩馱夜

48 maitreya 彌帝唎夜　49 narakindi 那囉謹墀　50 dhṛṣṇina 地利瑟尼那　51 bhayamana 波夜摩那　52 svāhā 娑婆訶

53 siddhāya 悉陀夜　54 svāhā 娑婆訶　55 mahā- 摩訶　siddhāya 悉陀夜　56 svāhā 娑婆訶　57 siddha-yoge - 悉陀 喻藝　58 śvarāya 室皤囉夜

59 svāhā 娑婆訶　60 narakindi 那囉謹墀　61 svāhā 娑婆訶　62 māraṇara 摩囉那囉　63 svāhā 娑婆訶

中宣說其因地時如何學習到此大悲神咒，如何因大悲咒得利而作大誓願，以及此大悲咒的功德利益等等。

　　大悲咒在我們中國相當盛行，靈驗的事蹟也不勝枚舉，幾乎是每一位佛教徒都耳熟能詳的。

　　大悲咒的名稱是怎麼來的呢？有一次阿難問佛陀：「當何名此咒？如何受持？」佛陀告訴阿難：「如是神咒有種種名：一名廣大圓滿；一名無礙大悲；一名救苦陀羅尼；一名延壽陀羅尼；一名滅惡趣陀羅尼；一名破惡業障陀羅尼；一名滿願陀羅尼；一名隨心自在陀羅尼；一名速超上地陀羅尼。」

　　這些名號正也代表大悲咒的各種功德。而其通用的全名是：廣大圓滿無礙大悲心陀羅尼。「廣」是悲心，「大」是智慧，合起來就是說：有智慧、有悲心且圓滿無障礙。

　　至於「大悲心」是觀音菩薩的本心，但是觀音以其大悲本心成大悲大用，所以，雖然他過去早已成佛，而且在智慧上亦是高明圓滿的，但是在緣起上所示現的觀音還是寓智於悲，以大悲為其特色，所以相應於此大悲咒。

　　觀音菩薩是在千光王靜住如來時，得到此如來教授大悲咒法門的，當時菩薩那剛住於初地，一聽聞此咒，立即超第八地。而且因心生歡喜的緣故，即發起誓言：若我當來，堪能利益安樂一切眾生者，令我即時身生千手千眼具足。

　　千手千眼是代表通身手眼救度眾生之意，「千」是無量

Āvalokiteśvara

觀音菩薩

➡ 佛曆 1565

公元 1021

§ 知禮著《觀音玄義記》

四著

64 śira　simha　mukhāya　65 svāhā　66 sarva　mahā - asiddhāya　67 svāhā

悉囉　僧阿　穆佉耶　娑婆訶　娑婆　摩訶　阿悉陀夜　娑婆訶

68 cakra - asiddhāya　69 svāhā　70 padma　kastāya　71 svāhā

者吉囉　阿悉陀夜　娑婆訶　波陀摩　羯悉哆夜　娑婆訶

72 narakindi - vagalāya　73 svāhā　74 mavari　śaṅkharāya　75 svāhā

那囉謹墀　皤伽囉耶　娑婆訶　摩婆利　勝羯囉夜　娑婆訶

76 namo　ratna - trayāya　77 nama　āryā - 78 valokite - 79 śvarāya

南無　喝囉怛那　哆囉夜耶　南無　阿利耶　婆羅吉帝　爍皤囉夜

80 svāhā　81 oṃ sidhyantu　82 mantra　83 padāya　84 svāhā

娑婆訶　唵　悉殿都　漫多囉　跋陀耶　娑婆訶

無邊的意思，所以菩薩以千眼悲視眾生的煩惱、救度眾生；以千手來攝度、護持眾生，正代表大悲力用無盡的境界。

以「十心」誦持大悲咒

誦持大悲咒不管誦持幾遍，亦不論何時、何地、何事、何人，都不只是口誦發出聲音而已，也不只是祈求救災解難而已。因此其所成就的果德也就不只是得到諸佛菩薩的庇佑，龍天護法的護持，而是能夠發起與觀音菩薩同等的悲願，能夠同等發願即代表我們自身自心亦同於觀音菩薩。

所以誦咒時，「心」就佔有很重要的地位。在《大悲心陀羅尼經》中，大梵天王曾問觀音菩薩此大悲咒的形貌狀相為何？到底該如何用心？

大悲咒的全名中「廣大圓滿無礙」即是其本心；以下就是觀音菩薩宣說此本心真正的樣貌，這是整個大悲咒的核心。

觀音菩薩告梵王言：「汝為方便利益一切眾生故，作如是問。汝今善聽吾為汝等略說少耳。」觀世音菩薩言：「大慈悲心是；平等心是；無為心是；無染著心是；空觀心是；恭敬心是；卑下心是；無雜亂心、無見取心是；無上菩提心是。當知如是等心，即是陀羅尼相貌，汝當依此而修行之。」大梵王言：「我等大眾，今始識陀羅尼此相貌，從今受持，不敢忘失。」

佛曆 1609

公元 1065

§ 杭州上天竺寺看經院受
　賜「天竺靈感觀音院」
　之額

■ 以十心誦持大悲咒

1、大慈悲心：大慈是予眾生喜樂，大悲是拔除眾生痛苦，要具足此大慈悲心才是廣大圓滿無礙大悲心陀羅尼。大慈悲心是從法界體性力量產生的，是從菩提心中直接產生的力量。

2、平等心：是了知法界一切平等，諸佛眾生無有差別，我與諸佛同等無二。我們持誦此咒心中沒有任何我慢，是整個法界力在持誦此咒，我們誦此咒供養一切眾生，一切眾生亦是受供的佛陀。一切平等平等、無二無二。

3、無為心：無為是不執著、不作意，此即無住生心，過去、現在、未來三心不可得。自然而起，不假循誘，脫口而出。

4、無染著心：不執著大悲咒的境界、功用，不執著諸佛的境界、不執著眾生的境界、不執著所有的神通境界，一切都是如幻、現觀的。

5、空觀心：空觀就是如幻。觀察緣起性空、現觀如幻，同樣亦無任何染著，連大悲咒也是空。因空之緣故，所以能生起大悲咒。

6、恭敬心：雖然是空、雖然是如幻、雖然是無染著，但卻對大悲咒有無上的恭敬心，對觀世音菩薩有無上的恭敬心，對諸佛有無上的恭敬心。

7、卑下心：雖然知道諸法平等無二，但不自滿、不自足，供養此咒。

8、無雜染心：無雜染心是定，脫口而出，安住於大悲咒中，心無任何混亂，安住在定慧等持的境界，是無雜染心。

9、無見取心：無見取心則是與空觀心相應的，無見取心是空觀，就是起現空、不執著、不染著，念念不可得。在行住坐臥當中皆在持誦大悲咒，而不執著。

10、無上菩提心：要發起無上菩提心與觀世音菩薩及十方諸佛同一慈力、與眾生同一悲仰，具足無上菩提，救度一切眾生。

　　觀音菩薩告訴梵王：「現在對你說基本的心要，從此體悟，則能掌握到大悲心的真正相貌。」

　　接著觀音菩薩就宣說了十種心，這十種心就是大悲心的真正意密、真正的法意、真正的核心。具足此十心，大悲咒的力量則百千萬倍，如果沒有具足這十種心，雖然還是有用，卻只是一般效用，與前者之威力相去太遠，無法比擬。

　　清楚了十心，用此十心來持誦此咒，才能與觀音相應。如果能具足十心來行一切，那麼不論說任何言語，都是大悲咒。

修持大悲咒的方法

　　大家要憶持這十種心的相貌，具足這十種相貌後，接著我們應發起感恩的心，法源清淨，皈依於大悲觀音本尊、及大悲咒，接著要發起慈悲心而起如下的大願與觀音菩薩相應：

稽首觀音大悲主　　願力洪深相好身

千臂莊嚴普護持　　千眼光明遍觀照

真實話中宣密語　　無爲心內起悲心

速令滿足諸希求　　永使滅除諸罪業

龍天眾聖同慈護　　百千三昧頓薰脩

受持身是光明幢　　受持心是神通藏

洗滌塵慈願濟海　　超證菩提方便門

Āvalokiteśvara

觀音菩薩

佛曆 1624

公元 1080

§ 內殿承旨王舜封，出使
高麗回京，親眼目睹觀
音大士示現靈異事蹟，
改建觀音院，賜扁額
「寶陀觀音寺」

木造千手觀音（京都妙法院）

我今稱誦誓歸依　　所願從心悉圓滿

南無大悲觀世音　　願我速知一切法

南無大悲觀世音　　願我早得智慧眼

南無大悲觀世音　　願我速度一切眾

南無大悲觀世音　　願我早得善方便

南無大悲觀世音　　願我速乘般若船

南無大悲觀世音　　願我早得越苦海

南無大悲觀世音　　願我速得戒定道

南無大悲觀世音　　願我早登涅槃山

南無大悲觀世音　　願我速會無爲舍

南無大悲觀世音　　願我早同法性身

再來更發願：

我若向刀山，刀山自摧折；我若向火湯，火湯自枯竭；我若向地獄，地獄自消滅；我若向餓鬼，餓鬼自飽滿；我若向修羅，惡心自調伏；我若向畜生，自得大智慧。

這是祈請觀世音菩薩幫助我們得到清淨圓滿的境界，摧伏一切惡障。接著：

發願是已，至心稱念我之名字，亦應專念我本師阿彌陀如來，然後即當誦此陀羅尼神咒，一次誦滿三七遍。乃至七七遍。除滅身中百千萬億劫生死重罪。

一天中念此咒二十一遍或四十九遍皆可。念之前要至心稱念觀世音、阿彌陀佛名號。爲什麼在此要稱念「阿彌陀

Avalokiteśvara

觀音菩薩

➡ 佛曆 1656

公元 1112

§ 邊知向集古今靈驗撰

「觀音感應集」四卷

■ 持誦「大悲咒」能得十五種善生，不受十五種惡死

十五種善生：㈠所生之處常逢善王；㈡常出生於善國；㈢常值好時；㈣常逢善友；㈤身根常得具足；㈥道心純熟；㈦不犯禁戒；㈧所有眷屬恩義和順；㈨資具財食常得豐足；㈩恆得他人恭敬扶接；㈠所有財寶無他劫奪；㈡意欲所求皆悉稱遂；㈢龍天善神恆常擁衛；㈣所生之處見佛聞法；㈤所聞正法悟甚深義。

若有誦持大悲心陀羅尼者，得如是等十五種善生也。

不受十五種惡死：㈠不令其饑餓困苦死；㈡不為枷禁杖楚死；㈢不為冤家對死；㈣不為軍陣相殺死；㈤不為虎狼惡獸殘害死；㈥不為毒蛇蚖蠍所中死；㈦不為水火焚漂死；㈧不為毒藥所中死；㈨不為蠱毒所害死；㈩不為狂亂失念死；㈠不為山樹崖墜落死；㈡不為惡人厭魅死；㈢不為邪惡鬼得便死；㈣不為惡病纏身死；㈤不為非分自害死。

誦持大悲神咒者，不被如是十五種惡死也。

「佛」，而不是「千光王靜住如來」呢？千光王靜住如來是觀音菩薩在過去修學時的老師；由於觀音菩薩是極樂世界的菩薩，所以阿彌陀佛是觀音菩薩現在的親教師、導師。

緣起雖是千光王靜住如來，但由於觀音菩薩現在整個力量的來源是阿彌陀佛。就如同：《法華經》是過去無量諸佛所說，但我們還是依止世尊、還是稱念：南無本師釋迦牟尼佛。此外，阿彌陀佛也同樣教授觀音菩薩此神咒，以此緣故，所以要稱念阿彌陀佛。

修持大悲咒的功德

而且觀音菩薩還發願：世尊！若諸眾生誦持大悲咒，墮三惡道者，我誓不成正覺；誦持大悲咒者，若不生諸佛國者，我誓不成正覺；誦持大悲神咒者，若不得無量三昧辯才者，我誓不成正覺；若諸女人厭賤女身，欲得成男子身，誦持大悲陀羅尼章句，若不轉女身成男子者，我誓不成正覺。誦持大悲神咒者，於現在生中，一切所求若不果遂者，我所說咒，即是虛妄，不得名為大悲心陀羅尼也。

此咒並且能除重罪：「若諸眾生侵損常住飲食、財物，千佛出世，懺悔不滅，今誦大悲神咒，即得除滅。若侵損常住飲食、財物，要對十方師懺謝，然始除滅，今誦大悲陀羅尼時，十方師即來為作證明，一切罪障，悉皆消滅，一切十惡五逆、謗人謗法、破齋、破戒、破塔壞寺、偷僧祇物、汙

Ávalokiteśvara

観音菩薩

藏音大悲咒——十一面觀音咒

➤ 佛曆 1675

公元 1131

§ 日本鳥羽上皇行幸法勝

寺，這立千尊等身觀音

像

南摩惹那札雅呀　南摩阿里雅　加那　薩嘎惹阿

NAMO RATNA TRĀYAYA　　NAMO ARYA JNANA SAGARA

貝若札那　巴尤哈　惹阿札呀　答他嘎答呀

BEROTSANA BAYUHA RADZAYA　　TAT'HAGATA YA

阿阿哈得　桑呀桑布答呀

ARHATE SAMYAKSAM BUDDHA YA

南無薩阿哇　答他嘎得貝　阿爾哈得貝

NAMA SARWA TAT'HAGATE BEH　　ARHATE BEH

桑呀桑布答貝　拿瑪阿呀阿哇若給得　休惹阿呀　菩提薩埵呀

SAMYAKSAM BUDDHE BEH　NAMA ARYA AWALOKITE SHO RAYA　BODHISATO YA

麻哈薩埵呀　麻哈噶如尼噶呀　爹呀他　嗡　答惹阿答惹阿

MAHA SATO YA　　MAHA KARUNIKA YA　TĀYAT'HA　OM DHARA DHARA

地利地利　杜如杜如　意則衛則　雜列雜列

DHIRI DHIRI　　DHURU DHURU　　ITTE WITTE　　TSALE TSALE

達札列　達札列　故殊眛　故殊眛哇惹唉

TRATSALE TRATSALE　　KUSUME KUSUME WARE

意利密利　吉得　佐拉　瑪巴那呀　梭哈

ILI MILI TSITE DZOLA MAPANA YA SOHA

淨梵行，如是等一切惡業重罪悉皆滅盡。惟除一事，於咒生疑者，乃至小罪輕業，亦不得滅，何況重罪？雖不即滅重罪，聞此咒故，猶能遠作菩提之因。」

　　誦持大悲咒不僅而免除重罪，最重要的是「猶能遠作菩提之因」，能種下菩提之因才是要事。

　　又可以得十五種善生，不受十五種惡死。

　　除此之外，誦持大悲咒的行者會有觀音的二十八部眾來護持，這二十八位護法分別持法器守護誦持大悲咒的行者。

　　總而言之，如果有善男子善女子，能誦持此神咒，而且發廣大菩提心，誓度一切眾生。身持齋戒，對於諸眾生，能起平等心，而莫令斷絕。居住於清淨的屋室，洗澡沐浴清淨，懸掛旗旛燃燒燈燭，香、華、上味飲食用來供養；然後制心一處，更莫攀附異緣，而來如法誦持。

　　這時當有日光菩薩、月光菩薩與無量神仙，來為作證，增益持咒的效果、靈驗。而觀世音菩薩就會以千眼照見、千手護持之；而且觀世音菩薩當敕一切善神龍王、金剛密跡常隨衛護，不離其側，如護眼睛，如護己命。

　　除了誦持大悲咒外，我們亦可常誦念大悲咒的心眞言：

唵　嚩曰囉、達摩　赫利　字　了　弓　口引　成

，此短咒是大悲咒的咒心。

　　此外，本書附有梵文與藏文大悲咒念誦的 CD，讀者可隨之練習，並附上藏文大悲咒，以供讀者參考。

Āvalokiteśvara

觀音菩薩

➡ 佛曆 1710

公元 1166

§ 高麗國鑄造銅佛四十
尊、繪畫觀音四十幅

六字大明咒的咒輪

2.六字大明咒

六字大明咒原爲喇嘛教徒所稱唱的觀世音菩薩的心呪，後廣爲一般佛教徒所誦持。即指梵音：「唵 ॐ 摩 णि 呢 ल 鉢納銘 पद् 吽 म」或藏音：「唵嘛呢貝昧吽 ཨོཾ་མ་ཎི་པདྨེ་ཧཱུྃ（oṃ maṇi padme hūṃ）六字眞言，乃表示「歸依蓮華上的摩尼珠」之義。

在《大乘莊嚴寶王經》中盛讚此六字眞言有不可思議功德，此咒廣爲西藏人所奉持念誦，而現今則廣爲全世界的密教徒所持念。此眞言爲阿彌陀佛讚歎觀音菩薩之語，爲一切福德智慧及諸行的根本。

西藏密宗寶典 Maṇi Kambum 中說六字大明咒的由來，謂依此六字能閉六道生死之門，其六字的意義即唵字閉諸天，嘛字閉修羅，呢字閉人間，叭字閉畜生，昧字閉餓鬼，吽字閉地獄。

六字大明咒有其觀想法，嗡是白色，嘛是紅色，呢是黃色，唄是綠色，昧是藍灰色，吽是黑色。誦念此咒以遮除六道，證入覺位。

在此我們介紹持誦眞言的方法，此方法是將整個身體放空，從我們的海底輪，（身體前後左右的中央，臍下四指之處），以此爲定點來誦念眞言，不要太用力，不念出聲，慢慢的，讓它一字字浮上來。

Āvalokiteśvara

觀音菩薩

➡ 佛曆 1714

公元 1170

§ 杭州上天竺寺受賜額

「靈感觀音之寺」、

「靈感觀音寶殿」

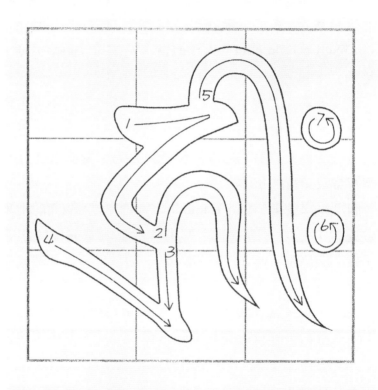

觀音菩薩的種子字

　　我們在持咒時，身體要盡量放鬆、放空，從中脈一字字讓它浮起。全身愈放鬆、放空，它的振動就愈強。這樣的練習可由中脈開始把整個身、心的脈結打通。

　　另外我們亦可在海底輪處觀想觀音菩薩，持誦六字大明咒。

　　持咒到最後不只是在海底輪觀想一尊觀音菩薩，在其它輪脈都可一同觀想臍輪，心輪、喉輪、頂輪也都有，每一輪皆有一尊觀音在持誦六字大明咒。

　　觀想到最後，全身的每一個細胞都是觀音菩薩持誦六字大明咒，所以到最後身體的每一個毛孔，幾百億的細胞，每一個脈結，無處不是觀音菩薩。

　　由小觀音菩薩變成大觀音菩薩，最後我們自身就是一尊最大的觀音菩薩，再來整個宇宙，整個法界都是觀音菩薩在持誦六字大明咒。練習持咒到達此種程度時，可發覺整個宇宙都是六字大明咒的聲音，如此可說是持咒成就了。

　　另外，我們亦可單持觀音菩薩的種子字，觀音菩薩的種子字梵文是：🕉（赫利），藏文是 ཧྲཱིཿ（啥）。

Avalokiteśvara

觀音菩薩

➡ **佛曆** 1720

公元 1176

§ 日本法皇供養一千零一

尊千手觀音於法住寺

千手千眼觀音菩薩

03 修持心經的方法

　　《般若心經》是般若系統裏面，文字最少的一部經。
《般若波羅密多心經》的「心」字，是指精髓、心臟的意
思，在西藏也有所謂「心中心」的說法。指的就是精妙、精
髓，含有秘密的意義。

　　所以有人認為《般若心經》就是整個大般若經的心髓。

　　如果我們以《般若心經》做精髓，很深刻的去體會它，
再以《般若心經》為根本，擴大、統攝到一切的般若經系，
如此來認知《般若心經》的地位會比較好。既然定名為般若
心經，就絕對不是思惟的東西，而所謂般若，是遠離了一般
世界思惟的意義，而能應用思惟，如此體悟，才能踏入《般
若心經》之門。

　　我們研讀《般若心經》，最好的方法就是用《般若心
經》來看《般若心經》，直接由佛經文中體認出《般若心
經》。

　　另外，我們一般人都會把《般若波羅密多心經》，簡稱
為《心經》，這樣的簡稱是大家所接受習慣的稱法。

　　當我們修持《心經》時，建議大家修持的最簡單、最基
本的工夫，就是把《心經》背起來。

　　當我們把《心經》背起來之後；在日常生活中，就可以

Avalokiteśvara

觀音菩薩

➤ 佛曆 1830

公元 1286

§ 爪哇新加沙利朝庫利塔
納噶拉王征服蘇門答
臘，下令自爪哇迎請不
空羂索觀音像至蘇門答
臘

觀音菩薩像（傳　隋人　成陀羅造）20 世紀

時時刻刻從經文中去理解、體會《心經》的真義，把《心經》當中的正見確立起來。

體會《心經》的真義

　　觀自在菩薩，行深般若波羅蜜多時，照見五蘊皆空，度一切苦厄。舍利子！色不異空，空不異色；色即是空，空即是色，受、想、行、識亦復如是。舍利子！是諸法空相，不生、不滅、不垢、不淨、不增、不減。是故空中無色，無受、想、行、識，無眼、身、鼻、舌、意，無色、聲、香、味、觸、法，無眼界，乃至無意識界，無無明，亦無無明盡，乃至無老死，亦無老死盡，無苦集滅道，無智亦無得。以無所得故，菩提薩埵，依般若波羅蜜多故，心無罣礙，無罣礙故，無有恐怖，遠離顛倒夢想，究竟涅槃。三世諸佛，依般若波羅蜜多故，得阿耨多羅三藐三菩提。故知般若波羅蜜多是大神咒、是大明咒，是無上咒、是無等等咒，能除一切苦真實不虛。故說般若波羅蜜密多咒，即說咒曰：揭諦‧揭諦‧波羅揭諦‧波羅僧偈諦‧菩提薩婆訶。

　　閱讀《心經》之後，我們來了解其白話語譯與其精義。

　　「觀自在菩薩，行深般若波羅蜜多時，照見五蘊皆空，度一切苦厄。」

　　【白話語譯】：觀自在菩薩實行般若波羅蜜多行時，照見色、受、想、行、識五蘊的自性皆為空寂，並遠離一切苦

Āvalokiteśvara

觀音菩薩

觀自在菩薩行般若波羅蜜多時，照見五蘊皆空，度一切苦厄

厄。

　　【說明】：當我們讀誦《心經》的「觀自在菩薩」時，我們的心中要特別注意二個意義：一個是顯現著諸佛大悲種性的「觀自在菩薩」；一個是我們自身即是行持《般若心經》的「觀自在菩薩」，此時觀音菩薩也就是我們自身。

　　觀自在菩薩以三昧的力量行深般若波羅蜜多時，照見色、受、想、行、識等身心的五蘊皆空，當他了悟五蘊的自性皆空之後，就從三昧中安詳起定，並度脫一切的苦厄。

　　要學習「觀自在」，要能觀自在，而我們自身就是觀自在菩薩；若不能即刻行觀自在的境界，就要發願成為觀自在者。了解觀自在菩薩是能夠度脫一切苦厄的大悲菩薩，在這樣相互回應的境界中，我們就能學習如同觀音菩薩一般，成為佛境菩薩行的行者。

　　這是直接建立觀自在菩薩所實行的功用，亦即他所持有、所實行的功用。

　　「深」是指觀音菩薩實踐般若波羅密多的圓滿境界，也就是到達彼岸圓滿的境界。

　　照見色、受、想、行、識五蘊皆空，不只是我們在知識性質的認知、或是佛學用語的基礎，而是如實的觀察照見五蘊的自性皆空，在我們的自心中紮實地建立「五蘊皆空」的見地。

　　「舍利子！色不異空，空不異色；色即是空，空即是

Avalokiteśvara

觀音菩薩

般若波羅密多心経
觀自在菩薩行深般若波
羅密多時照見五蘊皆空
度一切苦厄舍利子色不
異空空不異色色即是空
空即是色受想行識亦復
如是舍利子是諸法空相

弘一大師所寫的《般若心經》

色，受、想、行、識，亦復如是。」

【白話語譯】：舍利子啊！色是不異於空的，而空也不異於色，色即是空，而空也即是色；而受、想、行、識，也都是如此，與空不異，與空相即的。

【說明】：其實，「色不異空，空不異色」是教導我們思惟：「色」與「空」兩者之間的差別。

色是指色蘊，當一切的色蘊，經由我們正確的認知、實相上的認知，知道一切的色蘊是由因緣所組合而成，而了解緣起的組合並沒有常住不變的景況。

在這樣如理的思惟當中，我們會發覺色蘊是空的。而這當然不只是思惟的過程，更是一種見、聞、思的過程。

我們從「色不異空」的思惟中練習，可以了悟空性。

但是當我們悟入空性的時候，這時要小心，如果我們查覺自己的悲心不具足，則易進入小乘的見地，以為一切諸色不異空寂。此時我們要扭轉鼻頭，而以「空不異色」來破除對於空性的執著。

弄清楚這幾句經文的含義，在見地上鞏固確立，如果在觀行練習中無法馬上現觀皆空的境界，我們可退而求其次，觀察色、受、想、行、識都是空的。

好好觀察我們的色蘊，以色蘊是空的正見來觀察我們的身相。

其次觀察我們的受蘊。「受」即是感受，是指以我們的

我們觀察色、受、想、行、識皆是空性，因緣所成

眼、身、鼻、舌、身、意對外界的所產生的體受，雖然體受是眞實的，然而它亦是空。

其次觀察想蘊，想蘊是在體受之後所產生的各種心想以及造作，而我們了解這也都是由因緣所生的，都是空的。

在想蘊之後，我們再觀察行蘊。所謂行蘊就是：形成一種心靈的意志決斷，爲求生的根本力量，爲我們生命相續的強大力量，而行蘊也是因緣所生法，所以也是空的。

最後再觀察識蘊，就是這些整個生命經驗的記錄，而能分別這種種不同的力量，能夠容受這一切的經驗的就是「識」。這五蘊中的識或是眼、耳、鼻、舌、身、意六根中的意識，而這識蘊亦是由緣起所作，也是性空的。

以上我們依色蘊開始觀行，然後正觀思惟，受、想、行、識也都是現空。

也就是我們由外在物質的粗相，漸次觀察到心的細相，經過一番觀察思惟，發現一切都是空的，再來我們要斷除色、空二者的思惟，而在此刻，頓然現起「色即是空，空即是色。」安住在此當中而不生起任何執著。

如此一來，一切現前，這「即」就是在當下脫離一切時間與空間的羈絆、能觀察的心與所觀對象的羈絆。我們就擁有了《心經》的見地──「色即是空，空即是色。」

「舍利子！是諸法空相，不生、不滅、不垢、不淨、不增、不減。是故空中無色，無受、想、行、識，無眼、身、

Āvalokiteśvara

观音菩薩

三世諸佛都是依止般若波羅密多而證得圓滿佛果

鼻、舌、意，無色、聲、香、味、觸、法，無眼界，乃至無意識界，無無明，亦無無明盡，乃至無老死，亦無老死盡，無苦集滅道，無智亦無得。以無所得故，菩提薩埵，依般若波羅蜜多故，心無罣礙，無罣礙故，無有恐怖，遠離顛倒夢想，究竟涅槃。」

【白話語譯】：舍利子啊！這諸法的空相，是不會生起、不會寂滅，不染垢、不淨清，不增加、不減少。所以空性中是沒有色蘊，也沒有受、想、行、識等四蘊；也沒有眼、耳、鼻、舌、身、意等六根的分別，更沒有色、聲、香、味、觸、法等六塵；沒有眼界，乃至沒有意識界；沒有無明，也沒有無明的盡滅，乃至沒有老死，也沒有老死的窮盡；沒有苦、集、滅、道等四聖諦，沒有智慧也沒有所得，因為沒有所得的緣故。

所以菩提薩埵，依止般若波羅蜜多的緣故，心中無有罣礙，沒有罣礙的緣故，也沒有恐怖，遠離所有的顛倒夢想，而證入究竟涅槃。

【說明】：所以五蘊、六根、六境、十二入、十八界、十二因緣、四聖諦，都是不生不滅。無論在眞諦上、清淨位的增長與在俗諦、世間所斷除的染污，在此都沒有對立，所以是「不垢不淨」。無論清淨的增長，染污的減少、消滅，也都是無所得，因此也就是「不增不減」。

由這「不生不滅、不垢不淨、不增不減」，然後，我們

■ 三界

三界是指眾生所居住的欲界、色界、無色界。這是指迷妄的有情眾生在生滅的變化中流轉，而依其境界所區分的三個階級；也就是現迷於生死輪迴等生存界的皆類，所以又稱作三有生死，或是三有。又三界迷苦的領域如同大海一般無有邊際，所以又稱為苦界、苦海。

■ 四生

四生是指三界六道有情眾生所產生的四種類別。求據《俱舍論》卷八記載，即：(1)卵生，由卵殼所出生者，稱為卵生。如鵝、孔雀、雞、蛇、魚、蟻等。(2)胎生，又作腹生。如人、象、馬、牛、豬、羊、驢等。(3)濕生，又作因緣生、寒熱和合生。即由糞聚、注道、穢廁、腐肉、叢草等潤濕地之濕氣所產生者，稱為濕生。如飛蛾、蚊軸、蠓蟲、麻生蟲等。(4)化生，無所託而忽有，稱為化生。如諸天、地獄、中有之有情，皆由其過去的業力而化生。以上四生，以化生的眾生為最多。

■ 十法界

十界是指迷與悟的世界，可分為十種類，即：(1)地獄界，(2)餓鬼界，(3)畜生（傍生）界，(4)修羅界，(5)人間界，(6)天上界，(7)聲聞界，(8)緣覺界，(9)菩薩界，(10)佛界等十界。此中，前六界為凡夫的迷界，亦即六道輪迴的世界。後四界乃是聖者的悟界，此即六凡四聖。又密教以五凡五聖為十法界，是為密教十法界。五凡者，即地獄、餓鬼、畜生、人、阿修羅與天。五聖者，即聲聞、緣覺、菩薩、權佛、實佛。

觸攝到空所面對的五蘊、六根、六境、十二入、十二因緣、四聖諦，這現起的一切都是生滅所不能到的境界，垢淨不可得，增減亦不可得。

　　五蘊、六根……等等這些法相，雖然只是表義，但是事實上，它代表一切我們所建立的諸法。因此，「無眼、耳、鼻、舌、身、意，無色、聲、香、味、觸、法，無眼界乃至無意識界」，我們也可以說無三界，也可以說無四生，乃至無十法界。

　　那麼，當我們心中生起這現象時，就透過智慧來徹底斬斷一切的執著。而當一切執著都消滅、一切現空時，就炯然現起般若羅密多的心髓，而這個心髓能使如幻的我們到達遠離生死的彼岸。

　　我們依據這個正見來思惟：「無無明亦無無明盡」，當「無明」都沒有時，當然也沒有「無明盡」這件事情，這也可以說是一種不增不減的過程，「無無明」是指我們斷除無明，增長智慧，而「無無明盡」則是將斷無明、增長智慧這樣的分別也破除了，而證入不增不減的境界！

　　在這個連無明、無明盡都不生起的境界中，當然是不生不滅。因此，我們也無需以貪染心去分別，以為「無明盡」是好境界，「無明」是不好的境界；在這樣的了悟當中，不也含攝了「不垢不淨」，所以這亦相應於不生不滅、不垢不淨，不增不減。

Āvalokiteśvara
觀音菩薩

千手觀音

因此我們能夠「無無明亦無無明盡，乃至無老死亦老死盡。」即是把所有緣覺修道全部破除，把二乘所修證的最根本境界全部破除掉，這樣的原因是因為法界本來就是如是。

所以說如果我們有所修行的話，也只是了悟到實相而已，而不是從實相中增加什麼。

又「無苦集滅道」，更將二乘的見行果，全部在此徹底斷除，因為這就是般若波羅蜜多──大智慧到達彼岸。

「三世諸佛，依般若波羅蜜多故，得阿耨多羅三藐三菩提。故知般若波羅蜜多是大神咒、是大明咒，是無上咒、是無等等咒，能除一切苦真實不虛。故說般若波羅蜜多咒，即說咒曰：揭諦‧揭諦‧波羅揭諦‧波羅僧偈諦‧菩提薩婆訶。」

【白話語譯】：過去、現在、未來三世的諸佛，也都是依止般若波羅蜜多的緣故，證得阿耨多羅三藐三菩提的圓滿佛果。

因此，我們了知般若波羅蜜多，是大神咒，是大明咒，是無上咒，是無等等的真言神咒，能除去一切的痛苦，真實沒有虛假。所以宣說般若波羅蜜多咒，即說此神咒為：

揭諦揭諦　波羅揭諦　波羅僧揭諦　菩提薩婆訶

Cate gate pāragate pārasaṃgate bodhi svāhā

【說明】：「三世諸佛依般若波羅密多故，得阿耨多羅三藐三菩提。」這是指佛的果德境界，也是《心經》所要證

Āvalokiteśvara
觀音菩薩

觀音菩薩（藏密）

得的境界。

什麼是得阿耨多羅三藐三菩提？即是無有少法可得，就是佛的果位。所以三世諸佛都是依般若波羅蜜多，並與般若波羅蜜多相應，而得致究竟圓滿的佛果。

我們再回看「行深般若波羅蜜多時，照見五蘊皆空，度一切苦厄。」因此這度一切苦厄即是阿耨多羅三藐三菩提的大作用、大力量，能度化眾生而不執著。

每日修持《心經》的方法

我們體解了《般若心經》的精義，在日常生活中的行為，亦應依止《般若心經》，生活以《心經》的見地、修行、實踐、果地為中心，不斷地了悟經中的心要，儘量使自身融入經典當中。

修習《心經》前，首先我們要皈依佛、法、僧三寶，學習觀音菩薩大悲發願，於無上菩提心永不退轉。

然後實踐以下介紹的方法：

1.常書寫、供養、布施、諦聽、閱讀、受持、廣說、諷誦、思惟、修習《心經》。

2.安住《般若心經》的大智慧當中，以大悲心善觀一切。

3.了知一切性空如幻，觀音菩薩與我們皆同住於般若智慧之中，如水注水、如空入空，我們自身的身體、語言、心意三業，色、受、想、行、識五蘊，眼、耳、鼻、舌、身、

Avalokiteśvara

観音菩薩

四臂觀音（藏密）

意六根體性，皆與觀音菩薩一如無二；所以我們能夠依止念佛三昧，在觀音菩薩的加持下，成就觀音菩薩的妙行。

4.當我們清晨醒來，是從法界體性、自性大智慧中醒覺，身體、語言、心意即是觀音菩薩，並依觀音菩薩的行持行顧人間。夜間入睡時，即安住於法界體性大智光明之中。如果夢起，即在夢幻中施行觀音菩薩的大悲事業。

5.經歷行、住、坐、臥、作（所作）、語等一切緣時，都能與觀音菩薩一如。都能以《心經》來行持。面對六種塵境：色、聲、香、味、觸、法所生的見、聞、嗅、味、身觸、意等六種覺受，都不離本經中所顯示的妙法。

6.常住於《心經》的修持法當中，並對其中的見、修、行、果深刻了悟，歷緣對事，以觀音菩薩的觀點來實踐。在日常生活中，我們可隨身攜帶寫著觀音菩薩的聖號的卡片，當我們面對生活中無法解決的問題時，這張卡片便提醒我們：「觀音菩薩遇到這種情形會怎麼處理？」

7.依本經正見修持，並依此修持力行，依力行證果，最後圓滿證得觀音菩薩的果德。

■ 耳根圓通三種真實

耳根圓通三種真實即：

(1)通真實，謂眼、鼻、舌、身、意等諸根皆不如耳根，蓋眼不見障外，乃至心意有紛雜不定之時；而耳根則能隔牆聽音響，遠近俱可聞。

(2)圓真實，謂十方俱擊鼓，亦可同時聞聲。

(3)常真實，謂聲有止息、動靜的時候，亦不失去聞性，有聲音則有聽、聞，無聲音則不聽聞，然不論聲音的有無，其聞性皆湛然常住而了無生滅。

四臂觀音（藏密）

04 觀音菩薩的「耳根圓通」修持方法

　　根據《楞嚴經》的記述，觀世音菩薩是以修持耳根圓通
法門而成就，如果我們能夠更進一步了解觀音菩薩所修學的
法門，自然能與菩薩更爲相應。

　　在修學本方法前，讀者可先閱讀本書中〈耳根圓通章〉
的經文，再進入本方法的修持練習。

　　於楞嚴會上，二十五聖眾各自宣說所證的圓通方便法
門，其中觀世音菩薩以耳根圓通被文殊菩薩讚譽爲最上、最
殊勝，文殊大士並舉出三種眞實來稱讚耳根圓通。

　　觀音菩薩在《楞嚴經》中宣說他所修學的是耳根圓通法
門。那時觀音菩薩是在一位名號亦是觀世音的如來座下發菩
提心的，而耳根圓通法門就是觀世音如來教導觀音菩薩。

　　觀音菩薩是如何來以耳根圓滿的法門來修行成就的呢？
我們可從《楞嚴經》中的描述來了解：「世尊！憶念我昔無
數恆河沙劫，於時有佛出現於世名觀世音。我於彼佛發菩提
心，彼佛教我從聞、思、修入三摩地。」

　　首先，觀音菩薩於觀世音如來之處發起菩提心，發起無
上菩提心是修行成就很重要的開端，發菩提心就是發起無上
正等正覺的心，即是四弘誓願：眾生無邊誓願度、煩惱無邊
誓願斷、法門無量誓願學、佛道無上誓願成；也就是悲智圓

Avalokiteśvara

観音菩薩

觀音諸難救濟（隋　敦煌第 420 窟）

滿的心。

倘若我們沒有無上菩提心的發起，就無法成就耳根圓通，所以我們要修持此法門，也要學習觀音菩薩發起無上菩提心。

心安住於音聲中

我們發起無上菩提心後，再來就是從耳根圓通法門的聞思修來入於三摩地。

初於聞中，入流亡所，所入既寂，動靜二相了然不生，如是漸增，聞所聞盡，盡聞不住；覺所覺空，空覺寂圓，空所空滅；生滅既滅，寂滅現前。

耳根圓通的方法是要我們先以耳根聽聞聲音，然後從初始聽聞中，入於法性之流，而銷亡了聽聞與聲音對待。

相應於我們耳根的對象即是聲音，所以我們開始來觀察聲音，了解聲音的本質，我們是「觀察」聲音來入手。

所以，我們選擇一種自己喜歡或常接觸的聲音，或周遭環境常聽到的固定聲響，選擇大自然的音聲是再好不過了，例如：河聲、水聲、海潮聲；如果住在都市裡不方便，勉為其難聽聽冷氣的聲音吧！

我們思惟一下，我們到底從哪個部位聽到冷氣機的聲音呢？

如果你的答案是耳朵，那麼，再想一下，為什麼是從冷

Āvalokiteśvara

观音菩薩

觀音菩薩（元　敦煌第 3 窟）

氣機發出聲音，卻由耳朵聽到呢？

　　這聲音到底是冷氣機還是耳朵的聲音？

　　再想一下，現在聽到聲音對不對？那是誰聽到？

　　是你聽到聲音，還是聲音被你聽到？在這樣反覆的疑問思考中，我們可能迷惑在其中了。然而，其實這些都是因緣的和合罷了。

　　我們了解聲音的本質原是空性，是緣起，各種聲音所產生的感覺，都只是因緣的和合。

入於聞性──不為聲音的生滅所控制

　　「初於聞中」這是聞性；「入流亡所」，即入於法性之流，如果能夠入於法性之流中來聽聞音聲，在此中聲音生起、聲音滅除，都沒有對立了；不再被聲音的生起與聲音的消滅所控制，而進入聞性之中。

　　所聞與入法性流泯然成為一體，既而寂滅沒有了別，都寂滅了根本無所謂的「入」法性流，也無所謂的聞聲，也無所謂的音聲，這些都只是法性之流的直接現象而已。

　　「所入既寂，動靜二相、了然不生」：沒有所謂「入」法性流，所以「所入既寂」因為本來在法性之流中。因純然在體性中，既在聞性中，本然如是，就沒有聞性生起、聞性寂滅相對待境界；不落入於有與無的相對待的境界。

　　「如是漸增，聞所聞盡」，沒有聞與所聞的聲音的相

Avalokiteśvara

觀音菩薩

觀音菩薩（西夏　敦煌第 97 窟）

對，沒有聲音與非聲音的差別，甚至連聞的體性與是否有外在聲音的分別心念都沒有了，安住在純然的體性中。

既然安住在聞的體性中，就沒有任何動、靜的差別，也沒有所聞的聲音或聲音的起滅，這些全部是一如的。廣聞聲音的範圍與因緣，最後法界一切聽聞的聲音都已盡聞而不住。聞的體性窮盡了，甚至不必安住於聞的體性，頓時跳脫而證入更深一層的境界。

前面的過程都是要我們安住在聞的體性中，但現在既已入於聞的體性，完全在聞的體性中，就不必刻意安住其間。這時要進入「覺」的境界，由「聞性」進入「覺」，這是法界還原的過程。

主客體相對境的銷融

「覺所覺空，空覺極圓」當覺悟的主體與所覺悟的客體皆為現空，對覺悟也不會生起一點執著，而生起究竟圓滿的體受。當我們將覺、所覺的分別相對立場徹底空掉後，會完全感到一純圓、圓滿無間的境界，所以這是「空覺極圓」的境界。

而在「空覺極圓」的境界中，仍存在著「空」與「所空」的相對待之。因為要「空」掉「覺」，就表示有「能空」的主體與「所空」的客體的對立。

到最後讓「能空」與「所空」的境界都寂滅，而所有相

Ā̆valokiteśvara

觀音菩薩

十一面觀音（宋　敦煌第 76 窟）

對的生滅境界完全徹底滅除後──「生滅既滅，寂滅現前」
究竟的寂滅的境界就現前了。

耳根圓通的廣大威力

「忽然超越世出世間十方圓明，獲二殊勝，一者上合十
方諸佛本妙覺心，與佛如來同一慈力，二者下合十方一切六
道眾生，與諸眾生同一悲仰。」

忽然超越一切的世間與出世間，示現了十方三世同時炳
現的境界。證得耳根圓通時，刹那之間，一切對立都蕩然無
存，這時整個宇宙法界與法性全體都結合在一起；自身即是
法界，法界即是自身，證得十方圓明，獲致二種殊勝的境
界。一者能夠上合於十方諸佛的本妙覺心，與諸佛同一慈
力；二者，能下合十方的一切六道眾生，與所有的眾生產生
同一悲仰的信心。

這是真實佛境菩薩行的境界，這即是耳根圓通的究竟。
並證入楞嚴妙行的境界，如經中所說：

「世尊！由我供養觀音如來，蒙彼如來授我如幻聞、薰
聞，修金剛三昧。與佛如來同慈力故，令我身成三十二應，
入諸國土。」

因為耳根圓通的威力，而使觀音菩薩示現各種應化身的
力量，可在十方法界中現各種身。這一些都是楞嚴妙行的境
界，也是觀音菩薩三十二應身的整體湧現。

Āvalokiteśvara

觀音菩薩

觀音菩薩（敦煌第 45 窟）

　　我們要清楚耳根圓通最主要是打破耳根聽聞聲音的執著障礙，而不是爲了去聽聞聲音，也就是透過人類耳朵會聞聲的因緣，以此基礎來打破其對音聲的執著。

　　人類具備了眼、耳、鼻、舌、身、意六根，其中，耳朵這器官是隨時隨地能接收外面的訊息，而耳朵對聲音的聽聞又相當的敏感，這也是耳根圓通的殊勝之處。

　　所以在《楞嚴經》中就認爲耳根圓通是最快速殊勝的方法，如果耳根圓通法門能夠修行成就，則其他五根當然也能具足成就，而達到六根互用的圓滿境界。

Ávalokiteśvara

觀音菩薩

十一面觀音（初唐　敦煌第 334 窟）

05 誦持《延命十句觀音經》

　　《延命十句觀音經》是《高王觀音經》的精簡本，都是出於古人的夢中傳授。《高王觀音經》早在東魏時代即已傳出，《延命十句觀音經》則出於劉宋，元嘉二十七年（西紀四五〇年）。

　　依據趙宋時代四明志磐於一二六九年撰成的《佛祖統紀》卷三十六所載：「元嘉二十七年，王玄謨北征失律，蕭斌欲誅之，沈慶之諫曰：『佛貍（魏世祖小子）威震天下，豈玄謨所能當，殺戰將，徒自弱耳。』乃止。」不僅未遭刑戮，後來官至開府，年八十二，壽終正寢。王玄謨如何得此際遇？乃是由於其在被殺之前，晚上夢見奇異的高人，告訴他若誦持《延命十句觀音經》千遍，可免於死難，並口授經文十句：

　　觀世音，南無佛，與佛有因，與佛有緣，佛法僧緣，常樂我淨，朝念觀世音，暮念觀世音，念念從心起，念念不離心。

　　這部《延命十句觀音經》，雖然出於古人的夢中所感得，並不是傳譯自印度，而且只有十句，但是已具足佛、法、僧三寶及觀音的持名念法，所以自趙宋乃至清初，仍然受到普遍的傳誦。

Āvalokiteśvara

觀音菩薩

千手觀音（藏密）

　　此外，在日本江戶時代的白隱禪師（西紀一六八五──一七六八年），為弘揚《延命十句觀音經》搜集資料，編寫了一部《延命十句觀音靈驗記》。近代的日本著名禪匠原田祖岳，也寫了一部《延命十句觀音經講話》。

　　在中國此法較少流傳，在如何祈請觀音的守護中，若我們能夠常常持念此簡短的經文，必能得致觀音菩薩的加持與護佑。

Āvalokiteśvara

觀音菩薩

十一面觀音（初唐　敦煌第 321 窟）

第二章　觀音菩薩的感應故事

　　若復有人臨當被害，稱觀世音菩薩者，彼所執刀杖尋段
段壞而得解脫。

～《法華經》〈普門品〉

01 玄奘法師依觀音威力脫困沙漠

　　玄奘大師是我國佛教史上非常重要的佛教經典翻譯家之
一，當法師剛出生的時候，他的母親夢見法師穿著白衣要前
往西方而去。於是他的母親急著叫他：「你是我的孩子，現
在要去那裏呢？」

　　法師回答說：「爲了求法的緣故，而要去西方。」後來
便了解這是法師到西天遊方的預兆。

　　法師年少時因爲家境貧困，跟隨著他二兄長捷住在洛陽
淨土寺學習佛經。法師十三歲時洛陽度僧，破格入選，其後
聽聞景法師講《涅槃》，從嚴法師學《攝論》，升座複述，
分析詳盡，博得大眾的欽佩。

　　當初玄奘法師在四川時，遇見一個病人，身上長滿濃

Āvalokiteśvara
觀音菩薩

觀音菩薩（晚唐　敦煌第 14 窟）

瘡，充滿臭穢的氣味，衣服破爛污垢不堪，法師非常悲憫他，不但布施給他衣服，又照護其飲食。病人感念法師的恩德，乃傳授法師《般若波羅蜜多心經》，法師也經常誦習。

　　法師二十九歲時，心想：「求學貴於經遠，義重疏通，鑽仰一方，未成探頤。如果不輕生殉命，誓願往西天取經，如何能具覿成言，用通神解。」於是他決定至印度取經。

　　玄奘法師到西天取經的過程中，經常遭遇各種危難，由於法師一心稱念觀世音菩薩，因此能夠得以解脫。

　　當初法師到達敦煌時，過了玉門關。放眼望去，一片悠然，只見前方平沙八百餘里，上無飛鳥，下無走獸，更無水草。法師只是一心稱念觀音菩薩聖號及般若心經。

　　法師向西北前進，四顧茫然，前後都無過往的人馬。沙漠的夜裏時舉火燦爛如同繁星，白晝有驚狂的暴風，暴風擁起的風沙散下時，如雨下一般。如此經過了四夜五日，玄奘法師沒有滴水霑潤喉嚨，口腹已經到達乾燋的地步，整個人幾乎將至殞絕，再也無法前進，不禁連人帶馬，倒臥於沙漠中。

　　陷在如此的景況中的法師，仍然一心恆續地默念著觀音菩薩的聖號，並敬啓菩薩：「玄奘此行不爲求得錢財利益，也沒有希冀名譽，只是爲了求得無上道心正法而來，惟有祈請觀音菩薩悲憫慈念群生，以濟救苦痛爲要務，我所遭受的身心痛苦，菩薩您難道不知道嗎？」法師念念無間地如是向

Avalokiteśvara
觀音菩薩

千手千眼觀音

觀音菩薩祈願著。

就這樣到了第五夜半，法師忽然感到涼風觸及身體，如沐浴於甘露之中，身心非常的暢快，他的雙眼變得甚爲明亮，而復得明視，乘馬也能起行。

如此行經了數里，忽然看見數畝的青草，又看見一個水池，水味甘美清澄如鏡，人和馬都有了飲水，於是身命重新獲得保全，人馬皆得到蘇息。

法師心中忖盡著，知道此處的水草應並非原來就有的，應該是自己心志誠清所感得，是觀音菩薩慈憫的布施變化所示現。因此法師才能得以安然度過流沙，抵達高昌國。

到高昌國後，高昌國王隆重禮待師，堅持懇請法師留住，卻被法師婉拒，國王只好請使者護送法師到西域。

法師在遊歷印度國境，隨後經歷一百三十五國，在途中所經歷的各種危險災難，皆能安然度過。這一方面是法師宿願所致，也是觀音菩薩的慈悲護佑。

$\overline{A}$valokiteśvara
觀音菩薩

觀音菩薩立像（唐代　8世紀中）

02 遵式法師感得觀音菩薩的甘露灌頂

　　宋朝的遵式法師，是天台臨海人。他的母親王氏曾向觀世音菩薩乞求得一男孩，當晚即夢見一美女賜予明珠，而將之吞入。後來果真得一男孩，當孩子七個月大時，即能隨著母親稱誦觀世音的名號。

　　法師學行高古，名聲冠於兩浙。法師專志於極樂淨土法門，曾經行持般舟三昧，以九十日為期，因苦心勵志修持，以致嘔血。當時法師兩足的皮膚都裂開了，但法師不以為意，以死自誓。

　　有一天，法師忽然感覺如同在夢中一般，只見觀世音菩薩垂手從法師的口中引出許多蟲，然後菩薩又從指端流出甘露於法師的口中，法師身心頓然感到清涼，宿疾也逐漸痊癒復原。後來身相大為轉變，頂上隆起，手長垂過膝，聲音好像宏鐘一般，肌膚也似白玉。法師因見觀音灌以甘露，自此後聰慧辯才無礙。

　　天聖年間，法師臨將滅化之日，他炷香禮佛，向觀音像祈請：「我觀觀世音，前際不來，後際不去，十方諸佛，同住實際，願聖者受我一炷香，祈請諸佛證明，弟子往生安養。」至晚間坐脫而亡。大眾都看見有大星隕落於靈鷲峰。

　　當寺中在建築光明懺堂時，每架一椽一甃，法師必誦大

Āvalokiteśvara

觀音菩薩

觀音菩薩像（唐代　8世紀中）

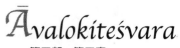
悲咒七遍。因此，後來此寺雖屢次經歷兵火戰亂，仍然能歸
然獨存，乃是法師願力所致。

Āvalokiteśvara

觀音菩薩

石造十一面觀音立像（8世紀前半　高85.7cm）

03 耶舍法師誦觀音咒而免賊害

　　那連提黎耶舍三藏法師，隋代僧人，北印度烏萇國人。十七歲時出家，到各地尋訪名師，他為了朝禮佛陀聖跡而周遊諸國，後來受到一位尊者的教諭之後，就回到了他的國家。

　　在歸途中，行走到化雪山的北方，到達山峰的頂端，看見有人道與鬼道二路，人道非常的荒涼危險，而鬼道卻異常的順利通暢，來往的旅行者來到此歧路時，心中大多會感到迷惘，很多都尋往鬼道而行，漸入其境便遭到殺害。

　　往昔有一位聖王在路的前端，製作了一座毗沙門天王石像，他的手指特別指向人路的方向，來導引行人誤入鬼道。

　　當時，與那連提黎耶舍同行的同伴中，有一僧人錯入了鬼道，當耶舍察覺時，口中誦持著觀音神咒，百步追及僧人，到達時那僧人卻已被鬼害死了，而耶舍則以觀音的威神力而感得免遭此災難。

　　再繼續前行的路程中，又遭逢山賊，然而他專一心念誦持觀世音菩薩咒，而威蒙觀音菩薩示現，前來護衛，當盜賊前來傷害時，雖然就在眼前，而盜賊卻都沒有看見，於是一行人才能平安地到達京都。

Avalokiteśvara
觀音菩薩

大悲觀音像（傳　唐　范瓊）明代（1368-1644）

04 達摩笈多法師誦持觀音咒而脫離困境

達摩笈多三藏法師，隋代的譯經僧，他的名字中文意譯為法密。南印度羅囉國人。法師幼年即抱著出家的志願。

二十三歲時，法師於中印度韠拏究撥闍城究牟地僧伽藍出家，二十五歲受具足戒。隨後隨從普照學習大小乘經論三年，後隨普照前往吒迦國，滯留提婆鼻何囉五年，復遊歷諸大小乘國及僧寺，見聞豐富。其後，偕同伴侶六人往東而行。

聽聞支那大國，三寶興盛，同伴一心屬意來到中國，並非只是觀察其風俗文化，更希望能在中國利物弘經。

在跨越雪山的途中，值遇災難，於是躲避於西南方，路上都是砂磧，水草都完全匱乏。同伴們相互照顧，為了顧及性命，乃將所齎經論，權置於道路旁，然後越過山林尋求水源，希望能得到救濟。但是所求不遂，勞苦困弊反而轉為增上，於是便專心誦持觀世音咒，到了夜晚忽然下了一陣雨，身心感到非常的充沛愉悅，再尋求返還原本的路途，四顧茫然，已經迷失了方向。踟躕進退之際，還是任由往前而行，於是到達於爪州。

跋涉多年，到達長安時，已是隋文帝開皇十年冬十月。

Āvalokiteśvara
観音菩薩

這時，無盡意菩薩就從座位上起身，偏袒右肩，合掌恭敬的向佛陀問道：「世尊！任何諸佛菩薩的名號都是有因有緣的，而觀世音菩薩到底是依什麼因緣而名為觀世音呢？」

佛陀告訴無盡意菩薩：「善男子啊！這是因為如果有無量百千萬億的眾生，受著各種的苦惱，他們聽聞到觀世音菩薩的名號，而一心稱名憶念，這時觀世音菩薩就即時觀察他的音聲緣起，而使他們都獲得解脫。

「如果有眾生持念觀世音菩薩的名號，如果進入大火，大火不能焚燒他，這是由於菩薩威神力所加持的緣故。如果被大水所漂流，稱念他的名號，立即能得至於淺水處。

「如果有百千萬億的眾生，為了求取金銀、琉璃、車𤧚、馬瑙、珊瑚、琥珀、真珠等寶物，而入於大海，假如被猛黑的颶風吹襲他的船舫，飄墮到羅剎鬼國之中，充滿了危險，這時如果其中乃至有一人，稱念觀世音菩薩的名號者，這些眾人等，都能獲得解脫於羅剎之難。因為這樣的因緣，所以名為觀世音。」

此時，佛陀接著說道：「如果有人面臨將被殺害的因緣，如果稱念觀世音菩薩的名號，這時要傷害他的刀杖，立即段段毀壞，使他得到解脫。如果在三千大千國土之中，充滿了夜叉、羅剎，想要惱害罪人，這時聽聞其人稱念觀世音菩薩的名號，這些惡鬼尚且不能以惡眼來瞪視他，何況是加害呢！所以假設有人，不管有罪或無罪，當杻械枷鎖繫縛他的身體時，如果稱念觀世音菩薩名號，都會完全斷壞，立即獲得解脫。」

佛陀再說道：「如果三千大千國土之中充滿了怨賊強盜，如果有一位商主率領著許多商人，齎持重寶經過險峻的道路，這時其中一人唱言：『諸位善男子！你們不必恐怖，你們應當一心的稱念觀世音菩薩的名號，

第三章　觀音菩薩的重要經典

01 《妙法蓮華經》〈觀世音菩薩普門品〉

後秦龜茲國三藏法師鳩摩羅什奉　詔譯

爾時，無盡意菩薩即從座起，偏袒右肩，合掌向佛而作是言：「世尊！觀世音菩薩以何因緣名觀世音？」

佛告無盡意菩薩：「善男子！若有無量百千萬億眾生受諸苦惱，聞是觀世音菩薩，一心稱名，觀世音菩薩即時觀其音聲，皆得解脫。若有持是觀世音菩薩名者，設入大火，火不能燒，由是菩薩威神力故。若為大水所漂，稱其名號，即得淺處。若有百千萬億眾生，為求金銀、琉璃、車渠、馬瑙、珊瑚、虎珀、真珠等寶，入於大海，假使黑風吹其船舫，飄墮羅剎鬼國，其中若有乃至一人稱觀世音菩薩名者，是諸人等皆得解脫羅剎之難。以是因緣，名觀世音。

「若復有人臨當被害，稱觀世音菩薩名者，彼所執刀杖尋段段壞而得解脫。若三千大千國土滿中夜叉、羅剎，欲來惱人，聞其稱觀世音菩薩名者，是諸惡鬼尚不

這位偉大的菩薩能用無畏來布施眾生。所以你們如果稱念名號的話，就可以從這些怨賊當中得到解脫，不會受到劫持傷害。』商人就共同發聲唱言：『南無觀世音菩薩！』因為稱念他的名號，立即得到解脫。

「無盡意啊！觀世音菩薩摩訶薩的威神之力，除了上述巍巍的功德外。如果有眾生耽溺於婬欲之中，如果能常稱念並恭敬於觀世音菩薩，便能獲得離欲。如果是多於瞋恚，常稱念恭敬於觀世音菩薩，便能獲得離瞋。如果是多於愚癡，能常稱念恭敬於觀世音菩薩，便能獲得遠離愚癡。

「無盡意啊！觀世音菩薩有如此等大威神力，能夠多所饒益於眾生，所以眾生常應心念觀世音菩薩。如果有女人，想要求生男子，如果禮拜供養觀世音菩薩，便能生出福德智慧的男子。要求生女子，便能生出端正有相的女兒，而且所生的子女都是宿世殖下功德之本，為眾人所愛敬。

「無盡意啊！觀世音菩薩有如此的大功德力，如果有眾生，恭敬禮拜觀世音菩薩，那麼福德絕不唐捐，所以眾生都應受持觀世音菩薩的名號。」

這時，佛陀向無盡意菩薩說：「無盡意！如果有人受持六十二億恒河沙的菩薩名字，又再盡形壽的供養這些菩薩飲食、衣服、臥具、醫藥，你認為這些善男子、善女人的功德是不是多呢？」

無盡意說：「甚多啊！世尊！」

「但是，無盡意，如果有人受持觀世音菩薩的名號，乃至於一時之間禮拜供養，與前述供養念誦六十二憶恆河沙菩薩的功德，二人的福德是相等無異的，而這些功德，在百千萬億劫當中是不可窮盡。無盡意！受持觀世音菩薩的名號，能得到如是無量無邊福德利益。」

無盡意菩薩白佛言：「世尊！觀世音菩薩為何會遊歷至我們娑婆世

能以惡眼視之，況復加害！設復有人，若有罪、若無罪，杻械枷鎖檢繫其身，稱觀世音菩薩名者，皆悉斷壞，即得解脫。若三千大千國土滿中怨賊，有一商主將諸商人，齎持重寶，經過嶮路，其中一作是唱言：『諸善男子！勿得恐怖，汝等應當一心稱觀世音菩薩名號，是菩薩能以無畏施於眾生。汝等若稱名者，於此怨賊當得解脫。』眾商人聞，俱發聲言：『南無觀世音菩薩！』稱其名故，即得解脫。

「無盡意！觀世音菩薩摩訶薩威神之力，巍巍如是。若有眾生多於婬欲，常念恭敬觀世音菩薩，便得離欲。若多瞋恚，常念恭敬觀世音菩薩，便得離瞋。若多愚癡，常念恭敬觀世音菩薩，便得離癡。

「無盡意！觀世音菩薩有如是等大威神力，多所饒益，是故眾生常應心念。若有女人，設欲求男，禮拜供養觀世音菩薩，便生福德智慧之男；設欲求女，便生端正有相之女，宿殖德本，眾人愛敬。

「無盡意！觀世音菩薩有如是力，若有眾生恭敬禮拜觀世音菩薩，福不唐捐，是故眾生皆應受持觀世音菩薩名號。

「無盡意！若有人受持六十二億恒河沙菩薩名字，復盡形供養飲食、衣服、臥具、醫藥，於汝意云何？是善男子、善女人功德多不？」

界？為何要為眾生說法？他有哪些方便之力呢？」

佛陀告訴無盡意菩薩說：「善男子！觀世音菩薩的本願不可思議，也與我們娑婆世界有緣啊！所以，如果有國土的眾生，應當以佛身而得度，觀世音菩薩就現佛身來為他說法。

「應當以辟支佛身得度，就示現辟支佛身來為他們說法。應當以聲聞身得度，就示現聲聞身來為他們說法。應當以大梵天王身而得度，就示現大梵天王身來為他們說法。

「應當以帝釋身而得度的話，就示現帝釋天王來為他們說法。應當以他化自在天身的話，就示現他化自在天身來為他們說法。應當以大自在天身而得度的話，就示現大自在天身來為他們說法。

「應當以天上的大將軍身而得度的話，就示現天大將軍身來為他們說法。應當以毘沙門天王身而得度的話，就示現毘沙門身來為他們說法。

「應當以小王身而得度的話，就示現小王身來為他們說法。應當以長者身而得度的話，就示現長者身來為他們說法。應以居士身得度者，即現居士身而為說法。應以宰官身得度者，即現宰官身而為說法。應以婆羅門身得度者，即現婆羅門身而為說法。

「應以比丘、比丘尼、優婆塞、優婆夷身得度者，即現比丘、比丘尼、優婆塞、優婆夷身而為說法。應以長者、居士、宰官、婆羅門、婦女身得度者，即現婦女身而為說法。應以童男、童女身得度者，即現童男、童女身而為說法。

「應以天、龍、夜叉、乾闥婆、阿修羅、迦樓羅、緊那羅、摩㬋羅伽、人非人等身得度者，即皆現之而為說法。應以執金剛身得度者，即現執金剛身而為說法。」

這時，佛陀接著說道：「無盡意啊！這位觀世音菩薩成就如此的功

　　無盡意言：「甚多！世尊！」

　　佛言：「若復有人受持觀世音菩薩名號，乃至一時禮拜供養，是二人福正等無異，於百千萬億劫不可窮盡。無盡意！受持觀世音菩薩名號，得如是無量無邊福德之利。」

　　無盡意菩薩白佛言：「世尊！觀世音菩薩云何遊此娑婆世界？云何而爲眾生說法？方便之力，其事云何？」

　　佛告無盡意菩薩：「善男子！若有國土眾生應以佛身得度者，觀世音菩薩即現佛身而爲說法。應以辟支佛身得度者，即現辟支佛身而爲說法。應以聲聞身得度者，即現聲聞身而爲說法。

　　「應以梵王身得度者，即現梵王身而爲說法。應以帝釋身得度者，即現帝釋身而爲說法。應以自在天身得度者，即現自在天身而爲說法。應以大自在天身得度者，即現大自在天身而爲說法。應以天大將軍身得度者，即現天大將軍身而爲說法。應以毘沙門身得度者，即現毘沙門身而爲說法。

　　「應以小王身得度者，即現小王身而爲說法。應以長者身得度者，即現長者身而爲說法。應以居士身得度者，即現居士身而爲說法。應以宰官身得度者，即現宰官身而爲說法。應以婆羅門身得度者，即現婆羅門身而

德，用種種的身形，遊化諸佛國土，來度脫眾生，所以你們應當一心的供養觀世音菩薩。而觀世音菩薩摩訶薩更是在怖畏急難之中，能夠施予眾生無畏的心念，所以這娑婆世界，都稱他為施無畏者。」

無盡意菩薩心中十分的景仰，此時就向稟白道：「世尊！我現在想要供養觀世音菩薩。」

於是，無盡意菩薩立即解下頸上各種寶珠所串成的瓔珞，價值有白千兩黃金，而供養觀世音菩薩，並說道：「仁者！希望你接受這由正法所布施的珍寶瓔珞。」

這時，觀世音菩薩不肯接受這大供養。但無盡意又向觀世音菩薩說道：「仁者！你應當憐愍我等眾生的緣故，而接受這瓔珞的。」

這時，佛陀也告訴觀世音菩薩說：「觀世音啊！你應當憐愍這位無盡意菩薩，以及所有的佛道四眾，天、龍、夜叉、乾闥婆、阿修羅、迦樓羅、緊那羅、摩睺羅伽、人非人等所有的天龍八部、眾生，而接受這瓔珞。」

於是觀世音菩薩由於憐愍所有佛陀的四眾弟子及於天、龍八部等鬼神眾、人與非人等，而接受無盡意菩薩的瓔珞，並將這瓔珞分作二分，一分供奉給釋迦牟尼佛，另外一分則供奉多寶佛塔。

佛陀接著又愷切的說道：「無盡意啊！觀世音菩薩有如此的自在神力，而遊歷於娑婆世界啊。」

而無盡意菩薩這時，又深切的向佛陀問道：「具足妙相的世尊，我現在尊重的再向您祈問，佛子到底是何等因緣，而名為觀世音呢？」

具足妙相的世尊，這時也以偈頌來回答無盡意：「你現在聽受觀音的妙行，他能善巧的相應法界的各處方所，弘誓深如大海，所經歷的時劫更是不可思議，侍許多千億的佛陀，發起廣大清淨的誓願。

爲説法。

「應以比丘、比丘尼、優婆塞、優婆夷身得度者，即現比丘、比丘尼、優婆塞、優婆夷身而爲説法。應以長者、居士、宰官、婆羅門、婦女身得度者，即現婦女身而爲説法。

「應以童男、童女身得度者，即現童男、童女身而爲説法。應以天、龍、夜叉、乾闥婆、阿修羅、迦樓羅、緊那羅、摩睺羅伽、人非人等身得度者，即皆現之而爲説法。應以執金剛身得度者，即現執金剛身而爲説法。

「無盡意！是觀世音菩薩成就如是功德，以種種形遊諸國土，度脱衆生，是故汝等應當一心供養觀世音菩薩。是觀世音菩薩摩訶薩於怖畏急難之中，能施無畏，是故此娑婆世界皆號之爲施無畏者。」

無盡意菩薩白佛言：「世尊！我今當供養觀世音菩薩。」即解頸衆寶珠瓔珞，價值百千兩金，而以與之，作是言：「仁者！受此法施珍寶瓔珞。」

時，觀世音菩薩不肯受之。無盡意復白觀世音菩薩言：「仁者！愍我等故，受此瓔珞。」

爾時，佛告觀世音菩薩：「當愍此無盡意菩薩，及四衆、天、龍、夜叉、乾闥婆、阿修羅、迦樓羅、緊那羅、摩睺羅伽、人非人等故，受是瓔珞。」

Āvalokiteśvara

觀音菩薩

「我現在為你略說少許功德，只要聞名及見到他的身相，心中憶念而不空過者，就能滅除一切存有生命的痛苦。

假使興害意，	推落大火坑，	念彼觀音力，	火坑變成池。
或漂流巨海，	龍魚諸鬼難，	念彼觀音力，	波浪不能沒。
或在須彌峰，	為人所推墮，	念彼觀音力，	如日虛空住。
或被惡人逐，	墮落金剛山，	念彼觀音力，	不能損一毛。
或值怨賊繞，	各執刀加害，	念彼觀音力，	咸即起慈心。
或遭王難苦，	臨刑欲壽終，	念彼觀音力，	刀尋段段壞。
或囚禁枷鎖，	手足被杻械，	念彼觀音力，	釋然得解脫。
咒詛諸毒藥，	所欲害身者，	念彼觀音力，	還著於本人。
或遇惡羅剎，	毒龍諸鬼等，	念彼觀音力，	時悉不敢害。
若惡獸圍遶，	利牙爪可怖，	念彼觀音力，	疾走無邊方。
蚖蛇及蝮蠍，	氣毒煙火燃，	念彼觀音力，	尋聲自迴去。
雲雷鼓掣電，	降雹澍大雨，	念彼觀音力，	應時得消散。
眾生被困厄，	無量苦逼身，	觀音妙智力，	能救世間苦。
具足神通力，	廣修智方便，	十方諸國土，	無剎不現身。
種種諸惡趣，	地獄鬼畜生，	生老病死苦，	以漸悉令滅。
真觀清淨觀，	廣大智慧觀，	悲觀及慈觀，	常願常瞻仰。
無垢清淨光，	慧日破諸闇，	能伏災風火，	普明照世間。
悲體戒雷震，	慈意妙大雲，	澍甘露法雨，	滅除煩惱焰。
諍訟經官處，	怖畏軍陣中，	念彼觀音力，	眾怨悉退散。
妙音觀世音，	梵音海潮音，	勝彼世間音，	是故須常念。
念念勿生疑，	觀世音淨聖，	於苦惱死厄，	能為作依怙。
具一切功德，	慈眼視眾生，	福聚海無量，	是故應頂禮。

　　即時，觀世音菩薩愍諸四眾及於天、龍、人非人等，受其瓔珞，分作二分，一分奉釋迦牟尼佛，一分奉多寶佛塔。

　　「無盡意！觀世音菩薩有如是自在神力，遊於娑婆世界。」

　　爾時，無盡意菩薩以偈問曰：

世尊妙相具，我今重問彼：佛子何因緣，名為觀世音？
具足妙相尊，偈答無盡意：汝聽觀音行，善應諸方所，
弘誓深如海，歷劫不思議，侍多千億佛，發大清淨願。
我為汝略說，聞名及見身，心念不空過，能滅諸有苦。
假使興害意，推落大火坑，念彼觀音力，火坑變成池。
或漂流巨海，龍魚諸鬼難，念彼觀音力，波浪不能沒。
或在須彌峰，為人所推墮，念彼觀音力，如日虛空住。
或被惡人逐，墮落金剛山，念彼觀音力，不能損一毛。
或值怨賊繞，各執刀加害，念彼觀音力，咸即起慈心。
或遭王難苦，臨刑欲壽終，念彼觀音力，刀尋段段壞。
或囚禁枷鎖，手足被杻械，念彼觀音力，釋然得解脫。
咒詛諸毒藥，所欲害身者，念彼觀音力，還著於本人。
或遇惡羅剎，毒龍諸鬼等，念彼觀音力，時悉不敢害。
若惡獸圍遶，利牙爪可怖，念彼觀音力，疾走無邊方。
蚖蛇及蝮蠍，氣毒煙火燃，念彼觀音力，尋聲自迴去。
雲雷鼓掣電，降雹澍大雨，念彼觀音力，應時得消散。

觀音菩薩

　　這時，持地菩薩就從座上起身，向前敬白佛陀道：「世尊！如果有眾生聽聞這觀世音菩薩品的自在淨業，在普門中示現神通力的人，當知此人的功德真是不少啊。」

　　佛陀宣說了觀世音菩薩的偉大功德時，在大眾中有八萬四千眾生，都發起無上正覺的菩提心。

眾生被困厄，無量苦逼身，觀音妙智力，能救世間苦。
具足神通力，廣修智方便，十方諸國土，無剎不現身。
種種諸惡趣，地獄鬼畜生，生老病死苦，以漸悉令滅。
真觀清淨觀，廣大智慧觀，悲觀及慈觀，常願常瞻仰。
無垢清淨光，慧日破諸闇，能伏災風火，普明照世間。
悲體戒雷震，慈意妙大雲，澍甘露法雨，滅除煩惱焰。
諍訟經官處，怖畏軍陣中，念彼觀音力，眾怨悉退散。
妙音觀世音，梵音海潮音，勝彼世間音，是故須常念。
念念勿生疑，觀世音淨聖，於苦惱死厄，能為作依怙。
具一切功德，慈眼視眾生，福聚海無量，是故應頂禮。

　　爾時，持地菩薩即從座起，前白佛言：「世尊！若有眾生聞是觀世音菩薩品自在之業，普門示現神通力者，當知是人功德不少。」

　　佛說普門品時，眾中八萬四千眾生皆發無等等阿耨多羅三藐三菩提心。

〈耳根圓通章〉的白話語譯

此時，觀世音菩薩就從座上起身，頂禮佛足之後，向佛陀說道：「世尊！憶念我在往昔無數的恒河沙劫之前，當時有位佛陀，出現於世間，名為觀世音如來。我在這位佛陀之前發起無上的菩提心，觀世音佛教導我要從聞、思、修的次第中證入三摩地。」

這個法門是要我先以耳根聽聞聲音，然後從初始在聽聞當中，聞入了法性之流而銷亡了所聞聲音的對待，所聞入法性流泯於一體，而寂滅死寂了，這時音聲的動靜二相就了然不生了。如此漸漸增廣聞聲的範圍與因緣，到最後法界中一切能聽聞的音聲，都已聞所聞盡了。」

「聞盡法界中的一切聲音之後呢？」大眾問道。

「當法界的一切聲音，都已聞盡了，這時一切的聲音要盡聞而不住。這時由不住當中，會產生覺悟的感受，但我們對於這覺悟也體悟是現空的，因此能覺所覺空；而現空的覺悟會產生極圓滿的體受。

「當覺悟、所覺悟的為現空，並由空掉覺悟，對覺悟無所執著，而生起究極圓滿的體受之後，這時連空的體悟也要空掉而不執著，因此能夠空去所空的境界，使能空與所空都寂滅了。這時生與滅的境界，都滅除了，究竟的寂滅境界就現前了。」

「這時能忽然超越一切的世間與出世間，證得十方圓明，獲致二種殊勝的境界。一者、能夠上合於十方諸佛的本妙覺心，與諸佛如來同一慈力；二者、能下合十方的一切六道眾生，與所有的眾生產生同一悲仰的信心。」

觀世音菩薩此時向佛陀說道：「世尊！由於我供養觀音如來，蒙受這位如來授我如幻的聞薰聞修金剛三昧。因此與諸佛如來同一慈力的緣故，所以能令我的身相成就三十二類的應身，進入諸佛國土。

02《首楞嚴經》〈觀世音菩薩耳根圓通章〉

唐天竺沙門般刺蜜帝譯

　　爾時，觀世音菩薩即從座起，頂禮佛足而白佛言：「世尊！憶念我昔無數恒河沙劫，於時有佛出現於世，名觀世音。我於彼佛發菩提心，彼佛教我從聞、思、修入三摩地。

　　「初於聞中，入流亡所，所入既寂，動靜二相了然不生。如是漸增，聞所聞盡；盡聞不住，覺所覺空；空覺極圓，空所空滅；生滅既滅，寂滅現前。

　　「忽然超越世出世間，十方圓明，獲二殊勝。一者、上合十方諸佛本妙覺心，與佛如來同一慈力；二者、下合十方一切六道眾生，與諸眾生同一悲仰。

　　「世尊！由我供養觀音如來，蒙彼如來授我如幻聞薰聞修金剛三昧。與佛如來同慈力故，令我身成三十二應，入諸國土。

　　「世尊！若諸菩薩入三摩地，進修無漏，勝解現圓，我現佛身而為說法，令其解脫。若諸有學，寂靜妙明，勝妙現圓，我於彼前，現獨覺身而為說法，令其解脫。

　　「若諸有學，斷十二緣，緣斷勝性，勝妙現圓，我

「世尊！如果諸菩薩證入三摩地中，進修於沒有煩惱的無漏智慧，這時殊勝的體解現前圓滿，此時我則示現佛身而為他說法，使他獲得解脫。如果尚在修行解脫的有學，他們證得寂靜妙明的智慧，而勝妙的境界現前圓滿，這時我在他的身前，示現獨覺的身相而為他說法，使他獲得解脫。

「如果尚在修行的有學賢聖，他們斬斷十二因緣的輪迴鏈鎖，而證得無明緣斷的殊勝體性，勝妙的境界現前圓執，我這時在他身前，示現緣覺的身相而為他說法，使他獲得解脫。

「如果尚在修行的有學賢聖，悟得四諦空性，修習正道入於寂滅，殊勝的體性現前圓滿，這時我在他的身前，示現聲聞身而為他說法，使他獲得解脫。如果有眾生，想要使心明悟，而不染犯欲望的塵勞煩惱，而使有欲之身獲得清淨，這時我在他的身前，示現梵王的身相而為他說法，使他獲得解脫。

「如果有眾生，想要成為天主，統領諸天，這時我在他的身前，示現帝釋天王的身相而為他說法，使他的心願成就。如果有眾生，想要得到身的自在，能遊行十方世界，這時我在他的身前，示現自在天的身相而為他說法，使他能成就。如果有眾生，想要得到身的自在，飛行虛空，這時我在他的身前，示現大自在天的身相而為他說法，使他成就。

「如果有眾生，喜愛統領鬼神，救護國土，我則在他身前，示現天大將軍的身相而為他說法，使他獲得成就。如果有眾生，喜愛統領世界，保護眾生，我則在他身前，示現四大天王身相而為他說法，使他獲得成就。如果有眾生，喜愛生於天宮之上，驅使鬼神，我則在他身前，示現四天王國的太子身相而為他說法，使他獲得成就。

「如果有眾生，喜樂成為人主，我則在他身前，示現為人王的身相

於彼前，現緣覺身而爲説法，令其解脱。若諸有學，得四諦空，修道入滅，勝性現圓，我於彼前，現聲聞身而爲説法，令其解脱。

「若諸眾生，欲心明悟，不犯欲塵，欲身清淨，我於彼前，現梵王身而爲説法，令其解脱。若諸眾生，欲爲天主，統領諸天，我於彼前，現帝釋身而爲説法，令其成就。若諸眾生，欲身自在，遊行十方，我於彼前，現自在天身而爲説法，令其成就。

「若諸眾生，欲身自在，飛行虛空，我於彼前，現大自在天身而爲説法，令其成就。若諸眾生，愛統鬼神，救護國土，我於彼前，現天大將軍身而爲説法，令其成就。若諸眾生，愛統世界，保護眾生，我於彼前，現四天王身而爲説法，令其成就。若諸眾生，愛生天宮，驅使鬼神，我於彼前，現四天王國太子身而爲説法，令其成就。

「若諸眾生，樂爲人主，我於彼前，現人王身而爲説法，令其成就。若諸眾生，愛主族姓，世間推讓，我於彼前，現長者身而爲説法，令其成就。若諸眾生，愛談名言，清淨其居，我於彼前，現居士身而爲説法，令其成就。若諸眾生，愛治國土，剖斷邦邑，我於彼前，現宰官身而爲説法，令其成就。若諸眾生，愛諸數術，攝衛自居，我於彼前，現婆羅門身而爲説法，令其成

而為他說法，使他成就心願。如果有衆生，喜愛成為宗族的領導者，在世間禮儀中受到尊重，我則在他身前，示現長者的身相而為他說法，使他成就心願。如果有衆生，喜愛談論名言，清淨他的居所，我則在他身前，示現居士的身相而為他說法，使他的心願成就。

「如果有衆生，喜愛治理國土，剖斷邦邑的政事，我則在他身前，示現宰官的身相而為他說法，使他獲得成就。如果有衆生，喜愛各種的數術，攝生養性，我則在他身前，示現婆羅門的身相，為他說法，使他獲得成就。如果有男子，他喜好學出家，善持各種的戒律，我則在他身前，示現比丘的身相，而為他說法，使他獲得成就。

「如果有女子，好學出家法門，善持各種的禁戒，我則在他身前，示現比丘尼的身相，而為他說法，使他心願成就。如果有男子，樂於奉持五戒，我則在他身前，示現優婆塞的身相，而為他說法，使他獲得成就。如果有女子，能善持五戒自居，我則在他身前，示現優婆夷的身相而為她說法，使她獲得成就。

「如果有女人，對內能立正持身，以修家國，我則在他身前，示現女國主的身相或國主夫人、大官或大家主婦，而為她說法，使她獲得成就。如果有衆生，不壞童貞，我則在他身前，示現童男身而為他說法，使他成就。如果有處女，不壞童貞，我則在他身前，示現童女身相，而為他說法，使她獲得成就。

「如果有諸天人，樂於天上的生活，我示現天人身相而為他說法，使他成就。如果有龍族，喜樂龍的生活，我則示現龍的身相，來為他說法，使他成就。如果有藥叉，喜樂藥叉的生活，我則在他身前，示現藥叉的身相，為他說法，使他成就。如果有乾闥婆，喜樂超脫他們的生活，我則在他身前，示現乾闥婆的身相而為他說法，使他成就。

就。

「若有男子，好學出家，持諸戒律，我於彼前，現
比丘身而爲說法，令其成就。若有女子，好學出家，持
諸禁戒，我於彼前，現比丘尼身而爲說法，令其成就。
若有男子，樂持五戒，我於彼前，現優婆塞身而爲說
法，令其成就。若復女子，五戒自居，我於彼前，現優
婆夷身而爲說法，令其成就。若有女人，内政立身，以
修家國，我於彼前，現女主身及國夫人命婦大家而爲說
法，令其成就。若有眾生，不壞男根，我於彼前，現童
男身而爲說法，令其成就。若有處女，愛樂處身，不求
侵暴，我於彼前，現童女身而爲說法，令其成就。

「若有諸天，樂出天倫，我現天身而爲說法，令其
成就。若有諸龍，樂出龍倫，我現龍身而爲說法，令其
成就。若有藥叉，樂度本倫，我於彼前，現藥叉身而爲
說法，令其成就。若乾闥婆，樂脫其倫，我於彼前，現
乾闥婆身而爲說法，令其成就。若阿修羅，樂脫其倫，
我於彼前，現阿修羅身而爲說法，令其成就。

「若緊陀羅，樂脫其倫，我於彼前，現緊陀羅身而
爲說法，令其成就。若摩呼羅伽，樂脫其倫，我於彼
前，現摩呼羅伽身而爲說法，令其成就。若諸眾生，樂
人修人，我現人身而爲說法，令其成就。若諸非人，有
形無形，有想無想，樂度其倫，我於彼前，皆現其身而

「如果有阿修羅，想要超脫他的生活，我則在他身前，示現阿修羅的身相而為他說法，使他成就。如果有緊陀羅，想要解脫他的生活，我則在他身前，示現緊陀羅的身相而為他說法，使他成就。如果有摩呼羅伽，要超脫他的身形生活，我則在他身前，示現摩呼羅伽的身相，而為他說法，使他成就。如果有眾生，喜樂於人，善修於人，我則示現人身而為他說法，使他成就。

「如果各類的非人，不管有形無形，或是有想無想，喜樂過他的生活，我於彼前，都示現各類的身相而為他們說法，使他們成就。這就是名為妙淨三十二應入國土身，都是以三昧聞薰、聞修所生的無作妙力，而自在成就的。

接著，他又說道：「世尊！我又以這聞薰聞修的金剛三昧無作妙力，與十方三世六道中的一切眾生產生同一悲仰，並使這些眾生對於我的身心，獲得十四種無畏的功德。

「一者、由於我不自觀世間的音聲，而現觀能觀的觀者，因此使十方苦惱的眾生，能因觀他們的音聲，使他們即得解脫。二者、由於六根的知見旋妄復真，使得眾生假設入於大火之中，而大火也不能焚燒。

「三者，由於返觀聽聞的體性，而旋聞復歸真性，因此假使眾生為大火所漂流，大水也不能溺。四者、由於斷滅妄想，所以心無殺害，因此能使觀世音進入各種羅剎國，而眾鬼也不能加害。

「五者、薰於妄聞而成真聞體性，所以眼、耳、鼻、舌、身、意等六根能銷妄復真，同於聲塵聽聞之性，因此能令眾生在臨當被害之時，刀劍段段毀壞，使這些兵戈猶如割水，亦如同吹光一般，體性無有搖動。

「六者、由於返聞薰修歸於真精明性，因此明遍法界，所以各種幽暗體性不能自全，能令眾生，藥叉、羅剎、鳩槃茶鬼及毘舍遮、富單那

爲說法，令其成就。是名妙淨三十二應入國土身，皆以三昧聞薰聞修無作妙力，自在成就。

「世尊！我復以此聞薰聞修金剛三昧無作妙力，與諸十方三世六道一切眾生同悲仰故，令諸眾生於我身心，獲十四種無畏功德。

「一者、由我不自觀音以觀觀者，令彼十方苦惱眾生，觀其音聲即得解脫。二者、知見旋復，令諸眾生設入大火，火不能燒。三者、觀聽旋復，令諸眾生大水所漂，水不能溺。

「四者、斷滅妄想，心無殺害，令諸眾生入諸鬼國，鬼不能害。五、薰聞成聞，六根銷復，同於聲聽，能令眾生臨當被害，刀段段壞，使其兵戈猶如割水，亦如吹光，性無搖動。六者、聞薰精明，明遍法界，則諸幽暗性不能全，能令眾生，藥叉、羅剎、鳩槃茶鬼及毘舍遮、富單那等，雖近其傍，目不能視。

「七者、音性圓銷，觀聽返入，離諸塵妄，能令眾生，禁繫枷鎖所不能著。八者、滅音圓聞，遍生慈力，能令眾生經過嶮路，賊不能劫。九者、薰聞離塵，色所不劫，能令一切多婬眾生，遠離貪欲。

「十者、純音無塵，根境圓融，無對所對，能令一切忿恨眾生，離諸瞋恚。十一者、銷塵旋明，法界身心猶如瑠璃，朗徹無礙，能令一切昏鈍性障諸阿顛迦，永

等，雖近於他的身傍，目卻不能視之。

「七者、音聲的動靜二性都圓滿的銷融，而觀照能聽之性而逆流返入，遠離各種的塵勞妄想，能令觀世音，所有的禁繫枷鎖都不能著。

「八者、由於滅除音塵而圓滿聞性，所以遍生慈力，能令眾生經過嶮路之時，盜賊不能劫害。九者、薰習聞的自性遠塵勞外相的煩惱，一切色相就不能劫奪心念，能令一切多婬的眾生，遠離種種的貪欲。

「十者、體證法界一切是純然音聲的體性而無塵勞染著，因此能聞的耳根與外境圓融一味，再也沒有能相對與所相對的分別，能令一切忿恨的眾生，遠離各種瞋恚忿怒。

「十一者、銷融塵勞煩惱旋出光明，使如同法界的身心猶如琉璃一般，朗徹無礙，能令一切知見、思惟、昏鈍、無明、體性障礙的各類無善心的愚癡阿顛迦，永離所有的愚癡昏暗。

「十二者、圓融一切的妙形顯現復聞的體性，因此能不動道場之中，而涉入一切的世間，不壞世界，能自在遍歷十方世界，供養微塵數般的諸佛如來，並在每一位佛陀的身邊為法王子，並且能令法界中的無子眾生，想要祈求生男的人，誕生福德智慧的男兒。

「十三者、成證眼耳鼻舌身意「六根圓通的境界」，能夠光明與遍照無二，含容十方世界，建立宛如大圓鏡般的空如來藏，承順容受十方微塵如來的祕密法門，並且受領總持無失，能令法界無子眾生，想要祈求生女者，能夠誕生端正福德柔順、眾人愛敬具有妙相的女兒。

「十四者、在這三千大千世界的百億日月之中，現在正住於世間的各種法王子，共有六十二恒河沙的數目一般多，他們勤修正法垂示模範教化眾生，能夠隨順不同的眾生，以各種方便、智慧教化，也各不相同：但是由我所得證的圓通本根，發起微妙耳根的法門，然後生起身心微妙

離癡暗。

「十二者、融形復聞，不動道場涉入世間，不壞世界能遍十方，供養微塵諸佛如來，各各佛邊爲法王子，能令法界無子眾生，欲求男者，誕生福德智慧之男。十三者、六根圓通，明照無二，含十方界，立大圓鏡空如來藏，承順十方微塵如來祕密法門，受領無失，能令法界無子眾生，欲求女者，誕生端正福德柔順、眾人愛敬有相之女。

「十四者、此三千大千世界百億日月，現住世間諸法王子，有六十二恒河沙數，修法垂範教化眾生，隨順眾生，方便、智慧各各不同；由我所得圓通本根，發妙耳門，然後身心微妙含容，遍周法界，能令眾生持我名號，與彼共持六十二恒河沙諸法王子，二人福德正等無異。

「世尊！我一號名，與彼眾多名號無異，由我修習得眞圓通，是名十四施無畏力，福備眾生。

「世尊！我又獲是圓通，修證無上道故，又能善獲四不思議無作妙德。

「一者、由我初獲妙妙聞心，心精遺聞，見聞覺知不能分隔，成一圓融清淨寶覺，故我能現眾多妙容，能說無邊祕密神咒。其中或現一首、三首、五首、七首、九首、十一首，如是乃至一百八首、千首、萬首、八萬

含容，遍周法界的境界，能令眾生受持我的名號，與共持六十二恒河沙般的各位法王子的名號的人，二人的福德正等無異。

「世尊啊！我一個人的名號，能夠與眾多名號的功德無異，是由於我修習得真圓通所致，這就是名為十四種施無畏力的境界，能夠使福德備滿所有的眾生。

「世尊！我又獲得這樣的圓通境界，因為修證無上菩提道的緣故，因此又能善巧獲得四種不可思議無作妙德。

「一者、由我初始獲得具足聞的始覺與自性本覺相融合的妙妙聞心，由聞所聞盡而使心精體性，脫除能聞的身根與所聞的外塵的對待，超出聞的境界，而使見聞覺知等作用不能分隔，成為統一圓融清淨寶覺普攝一切的妙用，所以我能夠示現眾多的微妙容貌，能宣說無邊的祕密神咒。在其中或是示現一首、三首、五首、七首、九首、十一首，如是乃至示現一百零八首、千首、萬首、八萬四千樂迦囉金剛具足不壞的頭首；或是示現二臂、四臂、六臂、八臂、十臂、十二臂、十四、十六、十八、二十至二十四，如是乃至一百零八臂、千臂、萬臂、八萬四千能善結各種微妙手印的母陀羅臂；或是示現二目、三目、四目、九目，如是乃至一百零八目、千目、萬目、八萬四千個清淨的寶目；或示現慈相、或示現威相、或示現禪定相、或示現智慧相來救護眾生，使他們得證廣大自在。

「二者、由於我從聞思修入於三摩地，而脫出色、香、味、觸法等六塵境界，就如聲音度出垣牆之外，垣牆的阻隔不能成為障礙一般，所以我妙能示現一一各種身，誦持一一各種的神咒，這些形狀及其神咒能以無畏來施予所有的眾生，因此之故十方微塵數的國土之中，都稱名我為「施無畏者」。

四千爍迦囉首；二臂、四臂、六臂、八臂、十臂、十二臂、十四、十六、十八、二十至二十四，如是乃至一百八臂、千臂、萬臂、八萬四千母陀羅臂；二目、三目、四目、九目，如是乃至一百八目、千目、萬目、八萬四千清淨寶目；或慈、或威、或定、或慧救護眾生，得大自在。

「二者、由我聞思脫出六塵，如聲度垣不能為礙，故我妙能現一一形，誦一一咒，其形其咒能以無畏施諸眾生，是故十方微塵國土，皆名我為施無畏者。

「三者、由我修習本妙圓通清淨本根，所遊世界，皆令眾生捨身珍寶，求我哀愍。四者、我得佛心，證於究竟，能以珍寶，種種供養十方如來，傍及法界六道眾生，求妻得妻，求子得子，求三昧得三昧，求長壽得長壽，如是乃至求大涅槃得大涅槃。

「佛問圓通，我從耳門圓照三昧，緣心自在，因入流相，得三摩提，成就菩提，斯為第一。世尊！彼佛如來歎我善得圓通法門，於大會中授記我為觀世音號，由我觀聽十方圓明，故觀音名遍十方界。」

爾時，世尊於師子座，從其五體同放寶光，遠灌十方微塵如來及法王子諸菩薩頂。彼諸如來，亦於五體同放寶光，從微塵方來灌佛頂，並灌會中諸大菩薩及阿羅漢。林木、池沼皆演法音，交光相羅，如寶絲網。是諸

「三者、由於我修習本然具足的微妙圓通清淨本然的根性，因此所遊歷的世界，都能令眾生捨棄身上的珍寶，而求我哀愍救度。

「四者、由於我已獲得佛心體性，證於究竟的境界，因此能以珍寶作種種供養來供養十方如來，並傍及法界六道的眾生微見眾生與諸佛平等不二，等與供養。因此，十方的眾生求妻者得妻，求子者得子，求三昧者得三昧，求長壽者得長壽，如是乃至求證大涅槃者得證大涅槃。

「佛陀如果問我圓通法門的話，我是從耳門開始修行圓照三昧，緣於心的自在，因此而證入法流之相，而證得三摩地，成就菩提，我認為這是第一究竟的法門。世尊！過去的觀世音如來讚歎我善得圓通法門，因此在大會中授記我為觀世音的名號，由於我觀照耳根聽聞的體性證得十方圓明的境界，所以觀音的名號遍及十方世界。」

這時，世尊在師子座上，從其頭及雙膝雙肘的五輪體上同放寶光，遠灌十方微塵的如來及所有法王子等諸菩薩的頂上。十方的諸如來，也從於五體上同放寶光，從微塵的方位上來灌佛陀的頂上，並灌會中諸大菩薩及阿羅漢的頂。所有林木、池沼都演出微妙的法音，光明交相羅照，如同寶絲網一般。

所有的大眾都得到未曾有的覺受，一切人都普獲金剛三昧。即時之中，天上雨下百寶蓮華，青黃赤白各種妙色間錯紛糅，十方虛空成為七寶之色。而娑婆世界的大地山河也都同時不現了，唯有見到十方的微塵國土合成一個世界，所有的梵唄詠歌自然的奏言。

於是如來告訴文殊師利法王子說：「你現在觀察這二十五位已證得無學的諸大菩薩及阿羅漢，他們各自宣說自己最初成道的方便妙法，都言及修習真實圓通的過程，他們的修行，真實並無優劣及前後的差別。我現在為了要使阿難開悟，這二十五種行持當中，誰是最適合他的根器

大眾得未曾有，一切普獲金剛三昧。

即時，天雨百寶蓮華，青黃赤白間錯紛糅，十方虛空成七寶色。此娑婆界大地山河俱時不現，唯見十方微塵國土合成一界，梵唄詠歌自然數奏。

於是如來告文殊師利法王子：「汝今觀此二十五無學諸大菩薩及阿羅漢，各說最初成道方便，皆言修習眞實圓通，彼等修行，實無優劣、前後差別。我今欲令阿難開悟，二十五行誰當其根？兼我滅後，此界眾生入菩薩乘，求無上道，何方便門得易成就？」

文殊師利法王子奉佛慈旨，即從座起，頂禮佛足，承佛威神，說偈對佛：「

覺海性澄圓，圓澄覺元妙，元明照生所，所立照性亡。

迷妄有虛空，依空立世界，想澄成國土，知覺乃眾生。

空生大覺中，如海一漚發，有漏微塵國，皆從空所生。

漚滅空本無，況復諸三有？歸元性無二，方便有多門。

聖性無不通，順逆皆方便，初心入三昧，遲速不同倫。

色想結成塵，精了不能徹，如何不明徹，於是獲圓通？

音聲雜語言，但伊名句味，一非含一切，云何獲圓通？

香以合中知，離則元無有，不恒其所覺，云何獲圓通？

味性非本然，要以味時有，其覺不恒一，云何獲圓通？

觸以所觸明，無所不明觸，合離性非定，云何獲圓通？

法稱爲內塵，憑塵必有所，能所非遍涉，云何獲圓通？

的？另外在我滅後，此世界中的眾生入於菩薩乘的修行，求取無上菩薩道時，到底以何種方便，能夠易得成就？」

文殊師利法王子欽奉佛陀的慈悲法旨，即從座位上起身，頂禮佛足之後，承著佛陀威神力的加持，向佛陀宣說偈頌：「本覺性海體性澄圓，圓澄體性自覺本元微妙，本然元明妄照自生妄所，妄所境立本照體性銷亡。迷於妄境現有虛空，依於空境建立世界，妄想澄凝成就國土，知覺分別乃成眾生。虛空出生大覺之中，如同大海一漚水泡發起，有漏煩惱微塵國土，皆從虛空妄所出生。漚泡銷滅虛空本無，何況復諸三有三界？歸元體性本然無二，迴入方便卻有多門。諸聖證性無不通達，順道修習皆是方便，初心修入楞嚴三昧，遲速難易則不同倫。」

接著文殊菩薩各自評論，由色、聲、音、味、觸法等六塵眼、鼻、舌、身、意五根，眼、耳、鼻、舌、身、意、識六識及地、水、火、風、空、識、見等七大，共二十四種圓通的缺失，而宣說觀音菩薩耳根圓通為最究竟的法門。他說道：「

色想結成塵，精了不能徹，如何不明徹，於是獲圓通？

音聲雜語言，但伊名句味，一非含一切，云何獲圓通？

香以合中知，離則元無有，不恒其所覺，云何獲圓通？

味性非本然，要以味時有，其覺不恒一，云何獲圓通？

觸以所觸明，無所不明觸，合離性非定，云何獲圓通？

法稱為內塵，憑塵必有所，能所非遍涉，云何獲圓通？

見性雖洞然，明前不明後，四維虧一半，云何獲圓通？

鼻息出入通，現前無交氣，支離匪涉入，云何獲圓通？

舌非入無端，因味生覺了，味亡了無有，云何獲圓通？

身與所觸同，各非圓覺觀，涯量不冥會，云何獲圓通？

見性雖洞然，明前不明後，四維虧一半，云何獲圓通？

鼻息出入通，現前無交氣，支離匪涉入，云何獲圓通？

舌非入無端，因味生覺了，味亡了無有，云何獲圓通？

身與所觸同，各非圓覺觀，涯量不冥會，云何獲圓通？

知根雜亂思，湛了終無見，想念不可脫，云何獲圓通？

識見雜三和，詰本稱非相，自體先無定，云何獲圓通？

心聞洞十方，生于大因力，初心不能入，云何獲圓通？

鼻想本權機，祇令攝心住，住成心所住，云何獲圓通？

說法弄音文，開悟先成者，名句非無漏，云何獲圓通？

持犯但束身，非身無所束，元非遍一切，云何獲圓通？

神通本宿因，何關法分別？念緣非離物，云何獲圓通？

若以地性觀，堅礙非通達，有為非聖性，云何獲圓通？

若以水性觀，想念非真實，如如非覺觀，云何獲圓通？

若以火性觀，厭有非真離，非初心方便，云何獲圓通？

若以風性觀，動寂非無對，對非無上覺，云何獲圓通？

若以空性觀，昏鈍先非覺，無覺異菩提，云何獲圓通？

若以識性觀，觀識非常住，存心乃虛妄，云何獲圓通？

諸行是無常，念性無生滅，因果今殊感，云何獲圓通？

我今白世尊：佛出娑婆界，此方真教體，清淨在音聞，

欲取三摩提，實以聞中入；離苦得解脫，良哉觀世音！

於恒沙劫中，入微塵佛國，得大自在力，無畏施眾生。

妙音觀世音，梵音海潮音，救世悉安寧，出世獲常住。

知根雜亂思，湛了終無見，想念不可脫，云何獲圓通？

識見雜三和，詰本稱非相，自體先無定，云何獲圓通？

心聞洞十方，生于大因力，初心不能入，云何獲圓通？

鼻想本權機，秖令攝心住，住成心所住，云何獲圓通？

說法弄音文，開悟先成者，名句非無漏，云何獲圓通？

持犯但束身，非身無所束，元非遍一切，云何獲圓通？

神通本宿因，何關法分別？念緣非離物，云何獲圓通？

若以地性觀，堅礙非通達，有為非聖性，云何獲圓通？

若以水性觀，想念非真實，如如非覺觀，云何獲圓通？

若以火性觀，厭有非真離，非初心方便，云何獲圓通？

若以風性觀，動寂非無對，對非無上覺，云何獲圓通？

若以空性觀，昏鈍先非覺，無覺異菩提，云何獲圓通？

若以識性觀，觀識非常住，存心乃虛妄，云何獲圓通？

諸行是無常，念性無生滅，因果今殊感，云何獲圓通？」

我現在啟白世尊：「佛陀出現在娑婆世界，此方的真教之體，能使眾生清淨者則在音聞法門，欲證取三摩提，實應以聞中趣入：能迅速離苦證得解脫，良哉觀世音！於恒河沙劫中，進入微塵佛國之中，證得廣大自在力，以無畏布施一切眾生。妙音觀世音，如同梵音海潮音一般，救度世間悉使安寧，因證出世解脫獲得常住不滅。

「我現在啟白如來，如同觀音所說，譬如人處靜居之中，十方俱時擊鼓，十處一時同聞，此則是圓滿真實。眼目非能觀察障礙之外，口鼻亦復如是，身根以塵合方知，心念則紛亂無緒。

「而隔垣牆能聽音響，遐邇俱可聞聲，五根所不能齊等，是則為圓通真實。音聲體性的動靜，聞中則成為有聲無聲，無聲號為無聞，並非

我今啓如來，如觀音所説，譬如人靜居，十方俱擊鼓，
十處一時聞，此則圓眞實。目非觀障外，口鼻亦復然，
身以合方知，心念紛無緒。隔垣聽音響，遐邇俱可聞，
五根所不齊，是則通眞實。音聲性動靜，聞中爲有無，
無聲號無聞，非實聞無性。聲無既無滅，聲有亦非生，
生滅二圓離，是則常眞實。縱令在夢想，不爲不思無，
覺觀出思惟，身心不能及。今此娑婆國，聲論得宣明，
眾生迷本聞，循聲故流轉。阿難縱強記，不免落邪思，
豈非隨所淪，旋流獲無妄？阿難汝諦聽：我承佛威力，
宣説金剛王，如幻不思議，佛母眞三昧。汝聞微塵佛，
一切祕密門，欲漏不先除，畜聞成過誤。將聞持佛佛，
何不自聞聞？聞非自然生，因聲有名字，旋聞與聲脱，
能脱欲誰名？一根既返源，六根成解脱。見聞如幻翳，
三界若空花，聞復翳根除，塵銷覺圓淨。淨極光通達，
寂照含虛空。卻來觀世間，猶如夢中事，摩登伽在夢，
誰能留汝形？如世巧幻師，幻作諸男女，雖見諸根動，
要以一機抽，息機歸寂然，諸幻成無性。六根亦如是，
元依一精明，分成六和合，一處成休復，六用皆不成，
塵垢應念銷，成圓明淨妙。餘塵尚諸學，明極即如來。
大眾及阿難，旋汝倒聞機，反聞聞自性，性成無上道。
圓通實如是。此是微塵佛，一路涅槃門，過去諸如來，
斯門已成就；現在諸菩薩，今各入圓明；未來修學人，

實是聞無體性。聲無既然無滅，聲有亦非有生，生滅二者圓離，是則常住真實。

「縱令在夢想之中，不為不思無而銷，覺觀超出思惟，身心所不能及。今此娑婆國土，聲論能得宣明，眾生迷卻本然聞性，循聲追逐是故流轉。

「阿難縱然強記多聞，不免落於邪思之中，豈非隨妄所聲塵淪轉，若能旋流反聞不是即獲無妄嗎？

「阿難你一心諦聽：我承著佛陀威神力，宣說如同金剛王的教誨，如幻不可思議，如同諸佛之母的真實三昧。你聽聞微塵佛陀，一切的祕密法門，欲漏煩惱若不先除，畜念多聞反成過誤了。

「將自己的聞根持念佛陀的佛法，何不自評本聞的聞性呢？妄聞並非自然而生，因為音聲而有名字，旋觀聞性與聲塵脫離，能脫的聞根欲有何名呢？一根既然正返源，六根自然成解脫。

「見聞宛如幻翳一般，三界同若空花，聞性復真幻翳根除，染塵銷融體覺圓淨。淨極光明通達，寂照遍含虛空。

「卻來觀察世間，猶如夢中之事，摩登伽女在夢，誰能留你的身形？如同世間著巧幻師，幻作各類男女，雖見諸根搖，要以一機抽動，息機則歸寂然，諸幻即成無性。

「六根亦復如是，元來依於一體精明，分成六性內根外塵和合，一處反照成休寂復性，六用覺知皆歸寂滅不成，塵垢應念而銷除，成就圓明的淨妙，各有餘塵未盡。尚是賢聖諸學，本明證極即為如來。

「大眾及阿難，旋轉你們顛倒的聽聞用機，而反聞聞的自體性，自性即成無上之道。圓通的真實即為如是。此是微塵數諸佛，通達一路的涅槃之門，過去諸佛如來，如斯法門早已成就；現在諸菩薩，現今各入

當依如是法；我亦從中證，非唯觀世音。誠如佛世尊，
詢我諸方便，以救諸末劫，求出世間人，成就涅槃心，
觀世音爲最。自餘諸方便，皆是佛威神。即事捨塵勞，
非是長修學，淺深同説法。頂禮如來藏，無漏不思議，
願加被未來，於此門無惑，方便易成就。堪以教阿難，
及末劫沈淪，但以此根修，圓通超餘者，眞實心如是。

　　於是阿難及諸大眾，身心了然得大開示，觀佛菩提
及大涅槃，猶如有人因事遠遊未得歸還，明了其家所歸
道路。普會大眾、天龍八部、有學二乘及諸一切新發心
菩薩，其數凡有十恒河沙，皆得本心，遠塵離垢，獲法
眼淨。性比丘尼聞説偈已，成阿羅漢。無量眾生，皆發
無等等阿耨多羅三藐三菩提心。

圓明境界：未來的修學之人，當依如是的法門：我亦從中圓證，非唯觀世音菩薩。

誠如佛世尊所示，詢問我諸方便法門，以救未劫眾生，求出世間之人，成就涅槃之心，觀世音法門最為第一。其餘的諸門方便，都是佛陀威神力所加。於即事之中捨棄塵勞，非是恒長修學之法，亦非淺位深位可同時說法。頂禮如來藏，無漏不可思議，願加被未來眾生，於此法門無惑，方便易得成就。堪以教授阿難，及末劫沈淪眾生，但以此耳根修學，圓通超越餘者，真實之心如是。

於是阿難及諸大眾，身心了然得到廣大開示，觀察佛陀菩提及大涅槃，猶如有人因為有事遠遊未得歸還，明了也自己家中所歸的道路。

普會的大眾、天龍八部、有學二乘以及其餘一切新發心的菩薩，其數共有十恒河沙數，都獲得本心，遠離塵垢，獲得法眼清淨。性比丘尼摩登伽女聞說此偈後，即證成阿羅漢。而無量的眾生，都發起無等等的阿耨多羅三藐三菩提心。

守護佛菩薩5

《觀音菩薩-大悲守護主》

編　　者　全佛編輯部
插　　畫　明　星
執行編輯　吳美蓮
美術設計　Mindy　大幻設計
封面設計　張士勇工作室
出　　版　全佛文化事業有限公司
　　　　　永久信箱：台北郵政26-341號信箱
　　　　　訂購專線：（02）2913-2199　傳真專線：（02）2913-3693
　　　　　發行專線：（02）2219-0898
　　　　　匯款帳號：3199717004240 合作金庫銀行大坪林分行
　　　　　戶　　名：全佛文化事業有限公司
　　　　　E-mail：buddhall@ms7.hinet.net
　　　　　http://www.buddhall.com
門　　市　心茶堂・新北市新店區民權路95號4樓之1（江陵金融大樓）
　　　　　門市專線：（02）2219-8189
行銷代理　紅螞蟻圖書有限公司
　　　　　台北市內湖區舊宗路二段121巷19號（紅螞蟻資訊大樓）
　　　　　電話：（02）2795-3656　傳真：（02）2795-4100

初　　版　2001年08月
初版六刷　2013年05月
定　　價　新台幣280元
ISBN　978-957-2031-06-3（平裝）
版權所有 • 請勿翻印

All Rights Reserved. Printed in Taiwan.
Published by BuddhAll Cultural Enterprise Co.,Ltd.

台北郵政第26～341號信箱

全佛文化事業有限公司　收

請沿虛線對摺，謝謝！

系列：守護佛菩薩05　　書名：觀音菩薩—大悲守護主

讀者服務卡

謝謝您購買此書，如您對本書有任何建議或希望收到最新書訊、全佛雜誌與相關活動訊息，請郵寄或傳真寄回本單。

姓名：＿＿＿＿＿＿＿＿＿　性別：□男 □女

電話：＿＿＿＿＿＿＿＿＿　手機：＿＿＿＿＿＿＿＿＿

出生日期：＿＿＿年＿＿＿月＿＿＿日 婚姻狀況：□已婚 □未婚

住址：＿＿＿＿＿＿＿＿＿＿＿＿＿＿＿＿＿＿

E-mail: ＿＿＿＿＿＿＿＿＿＿＿

法門傾向：□顯宗 □密宗 □禪宗 □淨土 □其他＿＿＿＿＿

職業：□學生 □自由業 □服務業 □傳播業 □金融商業 □資訊業
　　　□製造業 □出版文教 □軍警公教 □其他＿＿＿＿＿

■您如何購得此書？

　□書店＿＿＿＿＿縣/市 ＿＿＿＿＿書店

　□網路平台(書店)＿＿＿＿＿ □其他＿＿＿＿＿

■您對本書的評價（請填代號1.非常滿意 2.滿意 3.尚可 4.待改進）

＿＿定價 ＿＿內容 ＿＿封面設計 ＿＿版面編排 ＿＿印刷 ＿＿整體評價

■對我們的建議：＿＿＿＿＿＿＿＿＿＿＿＿

＿＿＿＿＿＿＿＿＿＿＿＿＿＿＿＿＿＿

＿＿＿＿＿＿＿＿＿＿＿＿＿＿＿＿＿＿

＿＿＿＿＿＿＿＿＿＿＿＿＿＿＿＿＿＿

全佛文化事業有限公司

購書專線:886-2-2913-2199　購書傳真:886-2-2913-3693
http://www.buddhall.com